So funktioniert das

Kauderwelsch-Prinzip

1. Die zusätzliche Wort-für-Wort-Übersetzung verdeutlicht die fremde Satzstruktur. Grüne Hinterlegungen zeigen Lücken zum Einsetzen von Wörtern bzw. Alternativen zum Auswählen an.

Fremdsprache	**Ninatafuta ...**
Wort-für-Wort	*ich-suche ...*
Übersetzung	Ich suche ...

2. Dies erleichtert anschließend das Einfügen der gewünschten Wörter in die Sätze.

ufunguo wangu	meinen Schlüssel
soko	den Markt
stesheni ya treni	den Bahnhof
mkate	Brot

Im Wörterbuch am Ende des Buches gibt es noch mehr Wörter, die man sinnvoll einsetzen kann.

Inhalt

Kisuaheli lernen

Kisuaheli sprechen

Wörterbuch

Auf einen Blick

Kisuaheli

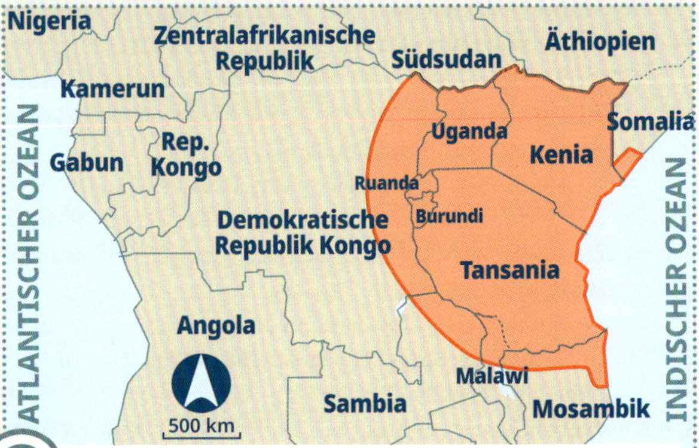

Kisuaheli, Eigenbezeichnungen Swahili oder Kiswahili (Sprache des Swahili-Volkes), gehört zur großen Familie der Bantu-Sprachen und wird von ca. 80 Millionen Menschen in Ostafrika verstanden. Es zählt zu den am meisten gesprochenen Sprachen Afrikas, wenn auch nur zum geringeren Teil als Muttersprache.

4

Länder,

In Tansania, Kenia, Uganda und Ruanda hat Kisuaheli den Status einer Amtssprache.

8

Nominalklassen

Alle Substantive gehören einer von 8 sog. Nominalklassen an. Diese bilden den Kern der Kisuaheli-Grammatik.

2

sprachliche Haupteinflüsse

Die meisten Kisuaheli-Wörter haben ihren Ursprung in den Bantu-Sprachen Afrikas oder im Arabischen.

Vorwort

Ein Aufenthalt in Afrika hat auch im virtuellen Zeitalter etwas von Abenteuer und Entdeckungsreise an sich. Obwohl der afrikanische Kontinent den Europäern geografisch relativ nah ist, wirkt er auf Reisende doch noch immer auf eine höchst reizvolle Weise fremdartig und geheimnisvoll – also das, was man mit dem Klischeebegriff der Exotik verbindet. Atemberaubend schöne Landschaften, die einzigartige Tierwelt und die auf unzählige Stämme verteilten Menschen in ihrer kulturellen Vielfalt sind es, die Ostafrika zu einem attraktiven Reiseziel machen.

Das Kisuaheli hat sich im Laufe der Zeit aus einer der zahlreichen einheimischen Sprachen zur überall gebräuchlichen Verkehrssprache des ostafrikanischen Raumes entwickelt und dient somit als Verständigungsmittel zwischen den Sprechern der übrigen Stammessprachen. Ob im Bus zwischen Kampala und Nairobi, auf dem Markt von Arusha oder auf der Gewürzinsel Sansibar – überall werden Sie sich auf Kisuaheli gut verständigen können. Dabei brauchen Sie die Sprache nicht perfekt zu beherrschen. Wenige Sätze helfen Ihnen schon, sich den Menschen zu nähern und „unsichtbare" Schranken abzubauen.

Unabhängig davon, ob Sie nun in einer organisierten Gruppenreise, als Individualtouristin bzw. -tourist oder aber geschäftlich unterwegs sind – der Kauderwelsch-Band Kisuaheli hilft Ihnen bei der Kommunikation. Er vermittelt die Sprache übersichtlich und einfach, erklärt die Grundzüge ihrer Grammatik und präsentiert Ihnen typische Sätze aus dem Alltagsleben in Ostafrika. In diesem Sinne wünsche ich Ihnen eine gute Reise durch Ostafrika – **safari njema!**

Christoph Friedrich

Top 5

Typisch Ostafrika

№1 Safari

Das Kisuaheli-Wort **safari** stammt aus dem Arabischen und bedeutet „Reise“. Ursprünglich für Großwildjagd-Expeditionen in Ostafrika, später auch für Fotosafaris benutzt, hat sich der Begriff inzwischen international durchgesetzt, auch in anderen Zusammenhängen. So nennt z. B. Apple seinen Web-Browser Safari.

№2 Khanga

Ein **khanga** (oder **kanga**) ist ein farbenfrohes, etwa 1 x 1,5 m großes Baumwolltuch, das mit einem Kisuaheli-Sprichwort versehen ist. Es wird hauptsächlich von Frauen als Kleidungsstück, aber auch als Babytragetuch, Geldbörse, Decke usw. verwendet. Siehe auch: „Literaturhinweise“ auf Seite 219.

№3 Ugali

Das wohl beliebteste Nationalgericht Ostafrikas ist **ugali,** ein relativ fester, ungewürzter Maisbrei. Er wird z. B. mit Fleisch-, Fisch- und Gemüsesaucen oder -ragouts serviert. Mit den Fingern formt man ein kleines Bällchen, um die Beilagen aufzunehmen.

№4 Uhrzeit

Bei Zeitangaben in Ostafrika muss man aufpassen: Die Kisuaheli-Zeit hat zweimal 12 Stunden, vor allem ist sie aber um 6 Stunden versetzt. Der Tag beginnt mit der ersten Stunde um 7 Uhr morgens, **saa moja asubuhi,** die Nacht mit der ersten Stunde um 7 Uhr abends, **saa moja usiku.** Wenn es bei uns 9 Uhr morgens ist, heißt das im Kisuaheli 3 Uhr morgens, 9 Uhr abends (21 Uhr) ist im Kisuaheli 3 Uhr nachts.

№5 Sansibar

Die Tansania vorgelagerte Insel Sansibar spielt seit Jahrhunderten eine zentrale Rolle im Handel zwischen der arabischen Halbinsel und Afrika. Hier treffen Orient und Afrika unmittelbar aufeinander, hier ist eines der Entstehungsgebiete der Sprache Kisuaheli mit ihrem starken arabischen Anteil, und von hier aus eroberte sie praktisch ganz Ostafrika. Aufgrund seiner naturbelassenen Strände, tropischen Vegetation, ethnisch sehr diversen Bevölkerung und seines besonderen Flairs als Gewürzinsel hat sich Sansibar in der jüngeren Vergangenheit vom touristischen Geheimtipp zu einer Größe im internationalen Tourismus entwickelt.

Geschichte des Kisuaheli

Swahili – man sagt auch Kiswahili (Sprache der Swahili) oder auf Deutsch Suaheli bzw. Kisuaheli – wird gegenwärtig von etwa 80 Millionen Menschen im ostafrikanischen Raum gesprochen. Entstanden ist die Sprache im 18. Jahrhundert entlang der arabischen Handelsrouten an der Küste Ostafrikas als Mischung von afrikanischen Bantu-Sprachen mit arabischen Elementen. Nur an der Küste und auf den vorgelagerten Inseln wird Kisuaheli heute von der einheimischen Bevölkerung – von der ethnischen Gruppe der Waswahili – als Muttersprache gesprochen. In allen anderen Gebieten Ostafrikas wird Kisuaheli als erste Fremdsprache erlernt. Als überregionale Sprache ist es sehr homogen und wird auch nicht von Stammesstreitigkeiten beeinträchtigt, sondern von allen Menschen gleichermaßen anerkannt und verwendet.

Der Name stammt vom arabischen Wort für „Küste“, **sahil.** Erst während der Kolonialzeit vom 19. bis zum 20. Jahrhundert fand Kisuaheli auch im Landesinneren Verbreitung. Die bis dahin nur in arabischer Schrift verfasste Sprache wurde zu jener Zeit von Missionaren in die lateinische Schrift übertragen. Heute ist fast nur noch die lateinische Schrift gebräuchlich.

Zuerst in Tansania, später auch in Kenia, hat Kisuaheli sich zur Hauptverkehrssprache entwickelt. Englisch ist in beiden Ländern zwar ebenfalls Amtssprache, aber insbesondere in den ländlichen Gebieten und bei der einfachen Stadtbevölkerung steht Kisuaheli an erster Stelle. In Tansania ist Kisuaheli Unterrichtssprache in den Grundschulen. In Uganda ist Kisuaheli neben Englisch und Luganda zwar die dritte Amtssprache, allerdings ist es als Hauptsprache von Polizei und Militär bei der Bevölkerung nicht sonderlich beliebt. In Ruanda gilt Kisuaheli neben Englisch, Französisch und Kinyarwanda als vierte Amtssprache.

Man kann sich mit Kisuaheli auch in Burundi und im östlichen Teil der Demokratischen Republik Kongo sowie im nördlichen Malawi und in Mosambik verständigen, wo allerdings vermehrt Elemente einheimischer Bantu-Sprachen sowie des Französischen bzw. Portugiesischen einfließen. Außerdem ist Kisuaheli mit dem auf den Komoren gesprochenen Komorisch verwandt.

Eine besondere Bedeutung bei der Entwicklung der Sprache kommt der vor Tansania gelegenen Insel Sansibar zu, die auch als Wiege des modernen Kisuaheli bezeichnet wird. Das heute in Ostafrika verwendete Standard-Kisuaheli basiert auf dem auf Sansibar gesprochenen Dialekt. Mehrere Sprachschulen bieten auf Sansibar Kisuaheli-Kurse für Touristen an.

Baobab im Abendlicht

Hinweise zur Benutzung

Kisuaheli lernen

Der erste Teil zeigt, wie Kisuaheli „funktioniert" und liefert das Handwerkszeug, um eigene Sätze auf Kisuaheli zu sprechen.

Sollten Sie zu den Menschen gehören, die lieber einen Bogen um das Thema Grammatik machen: Keine Sorge! Die wichtigsten Regeln werden auch für Laien verständlich erklärt und mit praktischen Beispielen veranschaulicht. Die Wort-für-Wort-Übersetzung (siehe Seite 1) hilft dabei, den Satzbau nachzuvollziehen und selbst anzuwenden.

Kisuaheli sprechen

Im zweiten Teil dreht sich alles ums Sprechen. Für alle möglichen Lebenslagen auf Reisen gibt es Beispiele, in die man nur noch das passende Wort einsetzen muss. Praktische Tipps und Infos zu den Reiseländern erleichtern das Ankommen

Trauen Sie sich und versuchen Sie Ihre ersten Schritte in der Fremdsprache! Sie zeigen damit Interesse und Respekt – und schon ist das Eis gebrochen, auch wenn man mal einen Fehler macht. Sie werden völlig andere Dinge erleben als „sprachlose" Reisende, und Sie werden feststellen: Sprache öffnet Türen und Herzen. Den ersten Schritt dazu haben Sie mit diesem Buch bereits in der Hand.

Wörterbuch

Am Ende des Buches finden Sie ein Wörterbuch zum Nachschlagen in beiden Richtungen. Die Umschlagklappen geben einen Überblick der wichtigsten Sätze.

Kisuaheli lernen

Das Gute zuerst: Die Aussprache des Kisuaheli gleicht weitgehend der deutschen. Das heißt, Sie können insbesondere die Vokale so aussprechen, wie Sie es gewohnt sind.

Etwas schwieriger wird es dann in der Grammatik beim Auseinanderhalten der verschiedenen Vor-, Zwischen- und Nachsilben, die das wesentliche Merkmal für den grammatikalischen Aufbau des Kisuaheli sind. Ob nun Kenn-, Objekt-, Relativ- oder Zeitsilben, alle haben eine wichtige Funktion und sind für den Satzbau unerlässlich.

Jedes Substantiv (Hauptwort) ist einer von acht sogenannten Nominalklassen zugeordnet **(mehr dazu ab Seite 15).** Sie lassen sich ganz grob mit den grammatischen Geschlechtern des Deutschen vergleichen, aber es sind sehr viel mehr, und die Einteilung hat auch nichts mit männlich oder weiblich zu tun. Da es jedoch keine zuverlässige Regel gibt, welche Substantive in welche Klassen gehören (auch dies wieder ähnlich zu den deutschen Geschlechtern), ist es zwingend notwendig, zusammen mit der Vokabel und ihrer Übersetzung auch die entsprechende Klasse zu lernen. Diese wiederum bestimmt, welche Silben in Zusammenhang mit dem betreffenden Nomen verwendet werden müssen. Klingt kompliziert, ist es aber nicht unbedingt, wenn man den Aufbau der Sprache verstanden hat. Wichtigstes Hilfsmittel für die richtige Anwendung der Klassen und Silben ist die „Übersichtstabelle Nominalklassen“ **(Seite 220).**

Mit diesen beiden Phänomenen der Kisuaheli-Grammatik sollten Sie sich frühzeitig einigermaßen vertraut machen, denn ohne ein solches Grundverständnis ist es kaum möglich, die Wort-für-Wort-Übersetzungen der Kisuaheli-Sätze wirklich zu durchschauen, und Sie müssen sie in praktisch jedem Satz anwenden bzw. verstehen.

Aussprache und Betonung

Das Kisuaheli-Alphabet hat 24 Buchstaben, **q** und **x** fehlen. Die Aussprache ist dem Deutschen sehr ähnlich, und auch Buchstaben oder Buchstabenkombinationen, die man im Deutschen vielleicht etwas anders lesen würde, sind für Deutschsprachige leicht nachvollziehbar. Diese minimalen Abweichungen werden in den folgenden Tabellen erklärt.

Konsonanten

	Aussprache	Beispielwort
ch	wie „tsch“ in „Matsch“	**chai** (Tee)
dh	wie stimmhaftes engl. „th“ in „that“ oder auch wie einfaches „d“	**kudhani** (glauben)
gh	wie raues „ch“ in „Bach“, aber stimmhaft	**ghali** (teuer)
j	wie „dsch“ in „Dschungel“	**jamaa** (Familie)
ng	wie „ng“ in „Angelika“, das „g“ ist als Einzellaut herauszuhören	**ngoma** (Trommel)
ng’	wie „ng“ in „lang“, das „g“ ist nicht als Einzellaut herauszuhören	**ng’ombe** (Rind)
r	wird leicht gerollt (wie im Italienischen)	**msafiri** (Reisender)
s	stimmloses „s“ wie in „Mast“	**siafu** (Ameise)
sh	wie „sch“ in „Schule“	**shaka** (Zweifel)
th	wie stimmloses engl. „th“ in „thunder“ (gelispelt)	**themanini** (achtzig)
v	wie deutsches „w“ in „wer“	**kuvuta** (ziehen)

w	Übergangslaut zwischen „u“ und „w“ wie in engl. „water“	**wali** (Reis)
y	wie deutsches „j“ in „ja“	**yeye** (er)
z	stimmhaftes „s“ wie in „Rose“	**zaidi** (mehr)

Vokale

Die Vokale (Selbstlaute) werden wie im Deutschen ausgesprochen. Steht derselbe Vokal doppelt, wird er lang ausgesprochen. Nicht-identische Doppelvokale werden zusammengezogen ausgesprochen, aber man sollte dennoch die beiden Vokale heraushören können.

ai	wie in „Ei“	**mayai** (Eier)
ei	wie in engl. „may“	**bei** (Preis)
au	wie in „laut“	**-kusahau** (vergessen)

Bis auf Eigennamen und den Satzanfang werden alle Wörter klein geschrieben. Die Betonung liegt in der Regel auf der vorletzten Silbe. Nur wenn das Wort auf einen Doppelvokal, also zwei identische Vokale endet, liegt die Betonung auf der letzten Silbe, und diese Silbe wird lang ausgesprochen. Die Bindestriche sollen hier nur die Silben kenntlich machen, die betonte Silbe ist unterstrichen:

ku-o-na	sehen
maan-da-zi	Pfannkuchen
ku-fu-a-ta	folgen
ni-ta-kwen-da	ich werde gehen
ja-maa	Familie
choo	Toilette

Substantive

Artikel

Im Kisuaheli gibt es weder bestimmte („der, die, das“) noch unbestimmte Artikel („ein, eine“). So kann z. B. **kitabu** „ein Buch“, „das Buch“ oder einfach nur „Buch“ heißen.

Plural

Die Substantive haben im Singular (Einzahl, abgekürzt „sg.“) charakteristische Anfangsbuchstaben, die im Plural (Mehrzahl, abgekürzt „pl.“) durch andere charakteristische Anfangsbuchstaben ersetzt werden. Hier befinden wir uns bereits im Bereich der für das Kisuaheli so typischen Nominalklassen (siehe unten). Eine Ausnahme bilden nur die 5., 7. und 8. Nominalklasse: Hier sind Singular und Plural gleich, und bei der 8. Nominalklasse gibt es gar keinen Plural. Hier zwei Beispiele (die Bindestriche stehen nur zur Verdeutlichung der Anfangsbuchstaben):

	Singular	Plural
Mensch	**m-tu**	**wa-tu**
Brot	**m-kate**	**mi-kate**

Nominalklassen

An den sogenannten Nominalklassen (Hauptwortklassen) führt im Kisuaheli leider kein Weg vorbei. Statt unserer Unterscheidung der Substantive in verschiedene grammatische Geschlechter (männlich, weiblich, sächlich) gibt es im Kisuaheli 8 Klassen von Substantiven, die nichts mit unserem Kriterium des grammatischen Geschlechts zu tun haben. Leider muss man sich die Klassenzugehörigkeit der einzelnen Substantive gut merken, denn sie ist entscheidend dafür, wie das Substantiv im Satz (etwa durch ein Adjektiv oder ein besitzanzeigendes Wort) näher bestimmt wird. Man braucht sie auch, wenn man einen Relativsatz zu einem Substantiv bilden möchte oder das Substantiv durch ein Demonstrativpronomen (hinweisendes Fürwort) aufgreift. Eigentlich sind die Nominalklassen für den Aufbau eines jeden Satzes erforderlich, der mehr als nur Personalpronomen und ein Verb enthält.

1. Klasse / M-Wa-Klasse

Man erkennt die 1. Nominalklasse im Singular an der Anfangssilbe **m-** oder **mw-,** die im Plural durch die Anfangssilbe **wa-** ersetzt wird. Zu dieser Klasse gehören ganz überwiegend Substantive, die sich auf Menschen beziehen, also Berufsbezeichnungen, Verwandtschaftsbegriffe und die Wörter für „Mann" und „Frau". Im Wörterbuch werden Substantive, die dieser Klasse angehören, durch „[1]" gekennzeichnet. In der Wort-für-Wort-Übersetzung wird die für eine bestimmte Nominalklasse stehende Ziffer mit einem Bindestrich an das betreffende Substantiv angeschlossen.

	Singular	Plural
Mensch	**mtu**	**watu**
Kind	**mtoto**	**watoto**
Schüler	**mwanafunzi**	**wanafunzi**

2. Klasse / M-Mi-Klasse

In diese Klasse gehören fast alle anderen Substantive, die Lebewesen sowie viele Pflanzen, Teile der Natur und viele Körperteile benennen, aber auch vom Menschen geschaffene Nahrung. Diese Klasse kann man nur anhand der Pluralvorsilbe **mi-** von der ersten Klasse unterscheiden, denn ihr Singular fängt ebenso mit **m-** oder **mw-** an. Im Wörterbuch werden Substantive, die dieser Klasse angehören, durch „[2]" gekennzeichnet.

	Singular	Plural
Brot	**mkate**	**mikate**
Baum	**mti**	**miti**
Jahr	**mwaka**	**miaka**

3. Klasse / Ki-Vi-Klasse

Die zu dieser Klasse gehörenden Wörter lassen sich thematisch nur schwer eingrenzen. Es sind jedoch meist von Menschen geschaffene konkrete Gegenstände. Sie beginnen im Singular mit **ki-** oder **ch-,** im Plural mit **vi-** bzw. **vy-** (letzteres vor Vokalen). Im Wörterbuch werden Substantive, die dieser Klasse angehören, durch „[3]" gekennzeichnet.

	Singular	Plural
Buch	**kitabu**	**vitabu**
Mahlzeit	**chakula**	**vyakula**
Moskitonetz	**chandarua**	**vyandarua**

4. Klasse / Ma-Klasse

Zu dieser Klasse gehören hauptsächlich Wörter, die Früchte oder Pflanzenteile bezeichnen. Außerdem gehören in diese Klasse Fremdwörter (z. B. **jibu** „Antwort", kommt aus dem Arabischen) und Abstrakta (z. B. „Idee"). Den Singular erkennt man daran, dass er eben keine festgelegte Anfangssilbe hat, d. h. es gibt kein **m-** oder **mw-,** kein **ki-** oder **ch-,** kein **n-,** kein **u-** oder **w-,** kein **ku-** oder **kw-.** Für den Plural wird jedoch immer **ma-** vorangestellt. Im Wörterbuch werden Substantive, die dieser Klasse angehören, durch „[4]" gekennzeichnet.

	Singular	Plural
Feld	**shamba**	**mashamba**
Ei	**yai**	**mayai**
Antwort	**jibu**	**majibu**

5. Klasse / N-Klasse

Dieser Klasse gehören die meisten Substantive des Kisuaheli an. Singular und Plural sind hier identisch. Sie beginnen in den meisten Fällen mit **n-**, **ny-** oder **m-**. Dass sie nicht durchgängig mit **n-**, sondern eben auch mit **ny-** oder **m-** anfangen, ist bereits ein Effekt der im folgenden Abschnitt vorgestellten „N-Regel". Im Wörterbuch und in der Wort-für-Wort-Übersetzung werden diese Substantive nicht gekennzeichnet. Als erstes Beispiel in der Tabelle unten wird „baba" erwähnt (ein Wort also, dass weder mit **n-** noch mit **ny-** oder **m-** beginnt).

	Singular / Plural
Vater / Väter	**baba**
Land / Länder	**nchi**
Regen	**mvua**
Mücke / Mücken	**mbu**
Schlange / Schlangen	**nyoka**

N-Regel

Die N-Regel schreibt vor, wie der Laut **n** vor bestimmten anderen Lauten, denen er vorangestellt wird, abgewandelt werden muss. Die N-Regel wird nur bei der Bildung des Plurals in der 6. Nominalklasse und bei der Beugung der Adjektive in der 5. und 6. Nominalklasse angewandt. In der 5. Nominalklasse regelt sie die Variation der Anlaute bei den an sich unveränderlichen Substantiven dieser Klasse. Beachten Sie das Kürzel „N!“ in der „Übersichtstabelle der Nominalklassen“.

Das **n-** wird ersetzt bzw. bleibt erhalten, oder es entfällt komplett, nach dem folgenden Schema:

n- vor ...	wird zu ...
ch, d, g, j, z	**n-** (bleibt unverändert)
b, p, v	**m-**
a, e, i, o, u	**ny-**
l, r	**nd-** (l, r entfallen dabei)
f, h, k, m, n, s, t, w, y	(Vorsilbe entfällt ganz)

Natürlich gibt es Wörter, die mit **na-, ne-, ni-, no-** und **nu-** anfangen. Diese sind aber nicht aufgrund der N-Regel gebildet worden. Es folgen zwei Beispiele mit Adjektiven, bei denen die N-Regel angewandt wurde. Ungebeugt lauten die Adjektive **-embamba** und **-refu.**

barabara nyembamba
Straße eng
enge Straße

njia ndefu
Weg lang
langer Weg

6. Klasse / U-Klasse

Alle Substantive dieser Klasse beginnen im Singular mit **u-** oder **w-**. Dieses **u- / w-** ersetzt man im Plural im ersten Schritt durch **n-**. Danach muss aber noch die sogenannte N-Regel angewandt werden. Daher kann der Plural auch mit **m-, ny-** oder **nd-** anlauten (die meisten Wörter haben im Plural **ny-**). Kommt dieses **n-** des ersten Schrittes nach dem Ersetzen von **u-** oder **w-** vor einem Buchstaben zu stehen, der kein **n-** duldet, entfällt diese Vorsilbe **n-** komplett. Das zeigt das Beispielwort **ukurasa** (Seite) in der folgenden Tabelle.

Da in dieser Klasse viele abstrakte Begriffe (wie z. B. **ujuzi** „Wissen") zu finden sind, ist in den meisten Fällen eine Pluralbildung gar nicht möglich und nicht sinnvoll. Im Wörterbuch werden Substantive, die dieser Klasse angehören, durch „[6]" gekennzeichnet.

Machen Sie die Probe: **u- / w-** wird also im ersten Schritt zu **n-,** aber vor Vokal wird **n-** zu **ny-,** vor **k-** wird **n-** nicht geduldet und entfällt vollständig; vor **b-** wird **n-** zu **m-,** und **n-** sowie **l-** werden zu **nd-.**

	Singular	Plural
Gabel	**uma**	**nyuma**
Lied	**wimbo**	**nyimbo**
Sauberkeit	**usafi**	–
Seite	**ukurasa**	**kurasa**
Holzbrett	**ubao**	**mbao**
Zunge	**ulimi**	**ndimi**

7. Klasse / Pa-Klasse:

Diese Klasse enthält nur ein einziges Substantiv, nämlich **mahali,** was „Platz" oder „Ort" bedeutet. Singular und Plural sind hier identisch.

8. Klasse / Ku-Klasse

Diese Klasse umfasst alle Infinitive von Verben, die im Satz aber wie Substantive verwendet werden. Allerdings stellen diese Infinitive im Kisuaheli nicht die „Grundformen" der Verben wie im Deutschen dar, und man gebraucht sie dementsprechend auch nicht für die alphabetische Auflistung von Vokabeln in Wörterbüchern. Es sind vielmehr eindeutig abgeleitete Formen, und durch die Verwendung der Klassenvorsilben haben sie auch die Eigenschaften von Substantiven. Um sie zu bilden, wird dem Stamm des Verbs ein **ku-** (bzw. **kw-** bei den Ausnahmen **enda** „gehen" und **isha** „beendet werden, zu Ende gehen") vorangestellt. Eine Pluralform gibt es hier nicht, zumal sie auch von der Bedeutung her nicht sinnvoll wäre:

-cheka	lachen	**kucheka**	(das) Lachen
-enda	gehen	**kwenda**	(das) Gehen

In den Wörterlisten im weiteren Verlauf dieses Buches sowie im Wörterbuchteil im Anhang werden diese Verben (genauer gesagt: Verbstämme) mit den in eckige Klammern gestellten Kürzeln „**[ku]**" bzw. „**[kw]**" gekennzeichnet. Beim Voranstellen des angegebenen Kürzels erhalten Sie also den „Infinitiv" des Verbs, der jedoch auch wie ein Substantiv (der 8. Nominalklasse) verwendet werden kann.

Von Bedeutung sind vor allem die ersten sechs Klassen. Die 7. und 8. Klasse spielen eine eher untergeordnete Rolle. Deshalb werde ich im Folgenden hauptsächlich auf diese ersten sechs Klassen eingehen.

Unregelmäßige Pluralformen

Falls eine Pluralform unregelmäßig gebildet wird, steht diese ausgeschrieben in Klammern hinter der Singularform. Zum Glück gibt es jedoch nicht allzu viele Ausnahmen.

Übersichtstabelle Nominalklassen

Da die Nominalklassen nicht nur für die Pluralbildung, sondern auch für die anderen Wortarten von Bedeutung sind, habe ich eine Übersichtstabelle erstellt, die Ihnen, je weiter Sie in der Grammatik fortschreiten, desto nützlicher sein wird – auch wenn sie Ihnen im ersten Moment verwirrend erscheint. Sie finden sie auf Seite 220. Am besten lassen Sie diese aufgeschlagen. Ich werde in den nachfolgenden Grammatikkapiteln immer wieder darauf verweisen.

Genitiv

Im Deutschen drückt man Besitzverhältnisse mit dem Genitiv, also dem 2. Fall, oder mit Hilfe der Präposition „von" aus. Mit dem Genitiv wird dann das Substantiv, das den „Besitzer" darstellt, markiert.

Im Kisuaheli werden Besitzverhältnisse etwas anders konstruiert, und dabei spielen wieder die Nominalklassen eine wichtige Rolle. Zwischen die beiden betreffenden Substantive (d. h. „Besitzer" und „Besitztum") stellt man ein Verbindungswort, das mit unserem Genitiv-Artikel „des" bzw. „der" vergleichbar ist (und in der Wort-für-Wort-Übersetzung mit „von" umschrieben wird). Dieses besitzanzeigende Wort verändert seine Form je nach der Nominalklasse und der grammatischen Zahl (Singular oder Plural) des ersten Substantivs (des „Besitzes"). Die Wortreihenfolge in der Besitzkonstruktion ist:

„Besitz" – Besitzanzeiger-Wort – „Besitzer"

Damit entspricht die Reihenfolge genau der des Deutschen in Ausdrücken wie „(das) Haus der Familie", nur dass sich im Kisuaheli das Besitzanzeiger-Wort in der Form nach dem „Besitz" (hier also „Haus") richtet. Ich verwende die Anführungszeichen deswegen, weil die Besitzkonstruktion auch Zugehörigkeitsverhältnisse ohne Besitzerschaft ausdrücken kann. „Die Schwester des Bürgermeisters" steht zu letzterem in einem Zugehörigkeitsverhältnis, ist aber nicht sein Besitz! – Die besitzanzeigenden Wörter finden Sie in der folgenden Tabelle und auch in der Übersichtstabelle der Nominalklassen.

Nominalklasse	Possessivwort („von“)
1. sg.	**wa**
1. pl.	**wa**
2. sg.	**wa**
2. pl.	**ya**
3. sg.	**cha**
3. pl.	**vya**
4. sg.	**la**
4. pl.	**ya**
5. sg.	**ya**
5. pl.	**za**
6. sg.	**wa**
6. pl.	**za**
7. sg./pl.	**pa**
8. (sg.)	**kwa**

Beachten Sie bei den folgenden Beispielen, dass nicht mit einer Ziffer markierte Substantive immer der 5. Klasse angehören.

watoto wa rafiki
Kinder-1 von Freund
die Kinder des Freundes

rangi za nguo
Farben von Kleid
die Farben des Kleides

vyumba vya hoteli
Zimmer-3 von Hotel
die Zimmer des Hotels

Achtung: Wenn das vorangegangene Substantiv (also der „Besitz“) ein Lebewesen bezeichnet, aber nicht der 1. Klasse angehört, muss trotzdem das besitzanzeigende Wort der 1. Nominalklasse verwendet werden:

mama wa mtoto
Mutter von Kind-1
die Mutter des Kindes

kondakta wa treni
Schaffner-4 von Zug
der Schaffner des Zuges

rafiki wa mgeni
Freund/e von Gast-1
der Freund / die Freunde des Gastes

In der Umgangssprache wird übrigens der Plural von **rafiki** oft als **marafiki** gebildet, aber trotzdem wie ein Substantiv der 5. Klasse behandelt.

Zusammengesetzte Substantive

Mit Hilfe der besitzanzeigenden Wörter bildet man auch die Kisuaheli-Entsprechungen unserer zusammengesetzten Substantive, z. B.:

mlango wa chumba
Tür-2 von Zimmer-3
Zimmertür

tiketi ya basi / ndege / treni
Fahrschein von Bus-4 / Flugzeug / Zug
Busfahrschein / Flugschein / Bahnfahrkarte

kiwanja cha ndege
Grundstück-3 von Flugzeug
Flughafen

Possessivpronomen

Bedeutungsmäßig und von der grammatischen Form her sind die Possessivpronomen (besitzanzeigenden Fürwörter, also Wörter wie „mein", „unsere" usw.) des Kisuaheli eng mit der allgemeinen Besitz-Konstruktion verwandt.

Diese Pronomen werden aus dem Besitzanzeiger-Wort dieser Konstruktion und einem sich nach den grammatischen Personen (1., 2., 3. Person sg. und pl.) unterscheidenden Possessivstamm (besitzanzeigende Wortelemente, die für den „Besitzer" stehen, können auch wie Nachsilben betrachtet werden) zusammengesetzt. Das Besitzanzeiger-Wort, also der erste Bestandteil dieser Zusammensetzung (z. B. **cha-**) richtet sich wieder nach der Nominalklasse des Substantivs (des „Besitzes"), auf das es sich bezieht. Beim Zusammensetzen der beiden Bestandteile des Possessivpronomens ist darauf zu achten, dass das **-a** des Besitzanzeiger-Wortes immer entfällt, sodass nur noch die Konsonanten übrig bleiben (also **ch-**). In der folgenden Tabelle können Sie die Elemente aus der zweiten und der dritten Spalte (also die beiden Bestandteile) nach Bedarf kombinieren.

Klasse	Sg. / Pl.		
1.	**w- / w-**	**-angu**	mein(e)
2.	**w- / y-**	**-ako**	dein(e)
3.	**ch- / vy-**	**-ake**	sein(e), ihr(e)
4.	**l- / y-**	**-etu**	unser(e)
5.	**y- / z-**	**-enu**	euer (eure)
6.	**w- / z-**	**-ao**	ihr(e)

mtoto wangu
Kind-1 mein
mein Kind

watoto wangu
Kinder-1 meine
meine Kinder

mtoto wako
Kind-1 dein
dein Kind

mtoto wake
Kind-1 sein/ihr(sg.)
sein / ihr Kind

kitabu chake
Buch-3 sein/ihr
sein / ihr Buch

vitabu vyake
Bücher-3 seine/ihre
seine / ihre Bücher

shamba letu
Feld-4 unser
unser Feld

mashamba yetu
Felder-4 unsere
unsere Felder

nchi yenu
Land euer
euer Land

nchi zenu
Länder eure
eure Länder

Demonstrativpronomen

Die Demonstrativpronomen (hinweisende Fürwörter) „diese (-r, s)“ und „jene (-r, s)“ verhalten sich ähnlich wie die Possessivpronomen. Auch sie ändern ihre Form in Übereinstimmung mit der Nominalklasse und der grammatischen Zahl (Singular oder Plural) des Substantivs, auf das sie sich beziehen. Auch sie sind, anders als die deutschen Demonstrativpronomen, ihrem Bezugswort nachgestellt. Ein auffälliger Unterschied zwischen „diese (-r, s)“ und „jene (-r, s)“ ist, dass nur bei letzterem das Nominalklassen-Kennzeichen am Wortanfang steht (und der einheitliche Wortstamm für „jenes“ diesem folgt), während bei „dieses“ das einheitliche Stammelement vorangeht und das Nominalklassen-Kennzeichen (wenn es denn einigermaßen erkennbar ist) folgt.

Dementsprechend lauten die Formen für „dieses“ alle mit dem gleichen Buchstaben an, während dies bei „jenes“ nicht der Fall ist.

diese (-r, -s)	Sg.	Pl.
1.	**huyu**	**hawa**
2.	**huu**	**hii**
3.	**hiki**	**hivi**
4.	**hili**	**haya**
5.	**hii**	**hizi**
6.	**huu**	**hizi**

jene (-r, -s)	Sg.	Pl.
1.	**yule**	**wale**
2.	**ule**	**ile**
3.	**kile**	**vile**
4.	**lile**	**yale**
5.	**ile**	**zile**
6.	**ule**	**zile**

mtoto huyu
Kind-1 dieses
dieses Kind

watoto hawa
Kinder-1 diese
diese Kinder

mtoto yule
Kind-1 jenes
jenes Kind

watoto wale
Kinder-1 jene
jene Kinder

mti huu
Baum-2 dieser
dieser Baum

kitabu kile
Buch-3 jenes
jenes Buch

Adjektive

Im Gegensatz zum Deutschen stehen im Kisuaheli die Adjektive (Eigenschaftswörter) in der Funktion eines Attributs (Begleiters) zu einem Substantiv immer nach diesem Substantiv. Man muss im Kisuaheli drei Arten von Adjektiven unterscheiden, und zwar:

1. Adjektive, die mit Konsonant anlauten,
2. Adjektive, die mit Vokal anlauten,
3. Adjektive arabischer Herkunft.

Die Adjektive der ersten beiden Kategorien werden im Wörterbuchteil sowie in sämtlichen Wörterlisten immer mit einem Bindestrich vor dem Wortstamm kenntlich gemacht, z. B.:

-dogo	klein
-ingi	viele

Diese Wortstämme werden immer durch eine für die jeweilige Nominalklasse spezifische Vorsilbe ergänzt, die oft mit der Anfangssilbe des Substantivs, auf das sich das Adjektiv im konkreten Fall bezieht, übereinstimmt. In der „Übersichtstabelle Nominalklassen" finden Sie die entsprechenden Vorsilben in den Spalten „Adjektiv beginnt mit Konsonant" bzw. „Adjektiv beginnt mit Vokal".

Klasse	Vorsilbe	konsonant. Adjektiv	vokal. Adjektiv
1. sg.	**m- / mw-**	**m-**	**mw-**
1. pl.	**wa-**	**wa-**	**w-**

2. sg.	**m- / mw-**	**m-**	**mw-**
2. pl.	**mi-**	**mi-**	**my-**
3. sg.	**ki- / ch-**	**ki-**	**ch-**
3. pl.	**vi- / vy-**	**vi-**	**vy-**
4. sg.	**–**	**–**	**j-**
4. pl.	**ma-**	**ma-**	**m-**
5. sg.	**–**	(variiert nach N-Regel)	**ny-**
5. pl.	**sg. = pl.**	(variiert nach N-Regel)	**ny-**
6. sg.	**u- / w-**	**m-**	**mw-**
6. pl.	(variiert nach N-Regel)	(variiert nach N-Regel)	**ny-**
7. sg. / pl.	**(mahali)**	**pa-**	**p-**
8.	**ku- / kw-**	**ku-**	**kw-**

In der Praxis sieht das für die ersten sechs Nominalklassen wie folgt aus:

Adjektive mit konsonantischem Anlaut

mtoto mdogo
Kind-1 klein
das kleine Kind

watoto wadogo
Kinder-1 kleine
die kleinen Kinder

mti mkubwa
Baum-2 groß
der große Baum

miti mikubwa
Bäume-2 große
die großen Bäume

kisu kikali
Messer-3 scharf
das scharfe Messer

visu vikali
Messer(pl.)-3 scharfe
die scharfen Messer

In der 4. Klasse Singular erhält ein konsonantisch anlautendes Adjektiv keine Vorsilbe. Das Adjektiv **-pya** (neu) stellt im Singular eine Ausnahme dar. In der 5. Klasse sind Singular und Plural identisch.

tunda baya
Frucht-4 schlecht
die schlechte Frucht

matunda mabaya
Früchte-4 schlechte
die schlechten Früchte

gari jipya
Auto-4 neu
das neue Auto

magari mapya
Autos-4 neue
die neuen Autos

nyumba nzuri
Haus schön
das schöne Haus

nyumba nzuri
Häuser schöne
die schönen Häuser

ukuta mrefu
Mauer-6 hoch
die hohe Mauer

kuta ndefu
Mauern-6 hohe
die hohen Mauern

Die Beispiele können natürlich auch mit unbestimmtem Artikel oder ganz ohne Artikel übersetzt werden, also z. B. **mtoto mdogo** „ein kleines Kind, das kleine Kind, kleines Kind".

Im Singular und Plural der 5. und im Plural der 6. Klasse muss die N-Regel angewendet werden. Dem Adjektiv wird dazu im ersten Schritt ein **n-** vorangestellt, auf das dann im zweiten Schritt die N-Regel anzuwenden ist (siehe Seite 18).

Adjektive mit vokalischem Anlaut

Bei Adjektiven mit Vokal im Anlaut sehen die Vorsilben etwas anders aus. Hier einige Beispiele:

mtoto mwema
Kind-1 nett
das nette Kind

watoto wema
Kinder-1 nette
die netten Kinder

kiatu cheusi
Schuh-3 schwarz
der schwarze Schuh

viatu vyeusi
Schuhe-3 schwarze
die schwarzen Schuhe

njia nyembamba
Weg/e schmal/e
der schmale Weg, die schmalen Wege

mama mwema
Mutter/Mütter gute/n
die gute Mutter, die guten Mütter

Adjektive, die sich auf Lebewesen beziehen

Bezieht sich ein Adjektiv auf ein Substantiv, das ein Lebewesen bezeichnet, richtet sich die Vorsilbe – unabhängig von der Nominalklasse des betreffenden Substantivs – immer nach der 1. Nominalklasse!

jogoo mkubwa
Hahn-4 groß
der große Hahn

majogoo wakubwa
Hähne-4 große
die großen Hähne

Die Adjektive können durch nachgestelltes **sana** (sehr) oder durch ein besitzanzeigendes Fürwort ergänzt werden:

muda mrefu sana
Weile-2 lange sehr
eine sehr lange Zeit

rafiki wangu wazuri
Freunde meine gute
meine guten Freunde

Adjektive arabischer Herkunft

Am einfachsten ist es in der dritten Untergruppe: Adjektive arabischen Ursprungs verändern sich überhaupt nicht. Sie erhalten also keinerlei Vorsilben. Deshalb werden diese in den Wörterlisten auch nicht mit einem Bindestrich gekennzeichnet:

maskini	arm
tayari	fertig
bora	beste (-r, s)
ghali	teuer
rahisi	billig
safi	sauber, rein

choo safi
Klo-3 sauber
sauberes Klo

maembe ghali
Mangos-4 teure
teure Mangos

kila mwaka
jedes Jahr-2
jedes Jahr

kila nchi
jedes Land
jedes Land

Als einziges Adjektiv steht **kila** (jede, -r, -s) vor dem Substantiv, auf das es sich bezieht. **kila** ist unveränderlich.

Adjektive als Ergänzung einer Satzaussage

Wird ein Adjektiv als Ergänzung eines Prädikats (Satzaussage) mit dem Verb „sein“ verwendet (prädikative Verwendung), richtet es sich in seiner Form ebenfalls nach dem Substantiv, auf das es sich bezieht. Ein Beispiel:

Kila kazi ni ngumu.
Jede Arbeit ist schwer.

Dient es aber dazu, als Adverb (Umstandswort) ein Verb näher zu bestimmen (adverbiale Verwendung), dann hat es kein Bezugs-Substantiv. In diesem Fall wird vor den Stamm des Adjektivs die Vorsilbe **vi-** (vor Konsonant) bzw. **vy-** (vor Vokal) gesetzt, z. B.:

-zuri	wird zu	**vizuri**	schön
-baya	wird zu	**vibaya**	schlecht
-epesi	wird zu	**vyepesi**	schnell

Anafanya kazi vibaya.
er/sie-macht Arbeit schlecht
Er / Sie arbeitet schlecht.

Hier gehört **kazi** (Arbeit) zum Verb und ist nicht das Bezugs-Substantiv zu **-baya,** denn **kufanya kazi** bedeutet als zusammengesetzter Ausdruck „arbeiten“.

Anaimba vizuri sana.
er/sie-singt schön sehr
Er / Sie singt sehr schön.

Wichtige Adjektive	
-zuri	gut, schön
-ema	gut, nett
-baya	schlecht, böse
-dogo	klein, jung
-kubwa	groß
-zee	alt (Mensch)
-a zamani	alt (Dinge)
-pya	neu
baridi	kalt
joto	warm, heiß
-tamu	süß (Geschmack)
-chungu	bitter, sauer
-gonjwa	krank
-zima	gesund
ghali	teuer
rahisi	billig; leicht, einfach
tajiri	reich
maskini	arm
dhaifu	schwach
-enye nguvu	stark
-gumu	schwierig, hart
-zito	schwer (Gewicht)
safi	sauber
-chafu	schmutzig
polepole	langsam
-epesi	schnell
wazi	offen
-tupu	leer
-fupi	kurz
-refu	lang

sawasawa	richtig
-chache	wenige
-ingi	viele

Beim Eigenschafts-Ausdruck **-a zamani** „alt“ steht das **-a** stellvertretend für das besitzanzeigende Wörtchen, das sich in Klasse und Zahl nach dem Substantiv richtet. Es handelt sich also hierbei um eine Besitzkonstruktion.

Für bestimmte Adjektive des Deutschen, wie z. B. „voll“, „falsch“ oder „geschlossen“, gibt es im Kisuaheli keine Entsprechungen. Üblicherweise muss man sich in diesen Fällen mit einem Verb behelfen und daraus einen Relativsatz bilden. So würde man z. B. „das geschlossene Fenster“ umschreiben mit:

dirisha lililofungwa
Fenster-4 es-ist-welches-wurde-geschlossen
das Fenster, das geschlossen wurde = das geschlossene Fenster

Die Bildung dieser Form ist jedoch recht kompliziert und wird in diesem Buch nicht weiter erklärt. An dieser Stelle nur so viel: **-lo-** ist die Relativsilbe, und **-fungwa** ist der Passiv-Stamm des Verbs **kufunga.**

Einfacher ist die Bildung mit dem Wörtchen **-enye** (besitzend) und einem passenden Substantiv, mit dessen Hilfe man das gewünschte Adjektiv umschreiben kann, z. B. **-enye nguvu** „stark“ (wörtl. „besitzend Kraft“). Vor **-enye** werden die besitzanzeigenden Wörter gesetzt, wobei dann das Endungs-**a** entfällt, z. B.:

watu wenye nguvu
Menschen-1 von-besitzend Kraft
starke / kräftige Menschen

mtu mwenye nguvu
Mensch-1 von-besitzend Kraft
starker / kräftiger Mensch

Ähnlich verhält es sich mit dem Wörtchen **enyewe** (selbst). Auch hier werden die besitzanzeigenden Wörter zur Bildung benötigt:

mimi mwenyewe	ich selbst
sisi wenyewe	wir selbst

Farben	
-eupe	weiß
manjano	gelb
-enye rangi ya machungwa *besitzend Farbe von Apfelsinen-4*	orange
-ekundu	rot
buluu	blau
kijani	grün
kijivu	grau
-a kahawia *von kaffeefarben*	braun
-eusi	schwarz
-enye mwanga *besitzend Licht-2*	hell
-enye giza *besitzend Dunkelheit*	dunkel

kiti chenye rangi ya kahawia
Stuhl-3 besitzend Farbe von kaffeefarben
der braune Stuhl

chumba chenye mwanga
Zimmer-3 von-besitzend Licht-2
ein helles Zimmer

vyumba vyenye mwanga
Zimmer(pl.)-3 von-besitzend Licht-2
helle Zimmer

Steigern und Vergleichen

Im Kisuaheli haben die Adjektive keine eigene Steigerungsform. Stattdessen können ihnen die Wörter **sana** (sehr), **zaidi** (mehr) oder **bora** (am besten) nachgestellt werden. In Vergleichssätzen verwendet man **kuliko** (als) oder **kama** (wie), um die „Vergleichsgröße“ auszudrücken, also das Ding (oder Person), mit dem das Subjekt des Satzes verglichen wird.

sana	sehr
zaidi	mehr
bora	am besten
kabisa	absolut, ganz und gar
kuliko	als
kama	wie

Komparativ

Basi hili linachukua muda mrefu zaidi.
Bus-4 dieser er-beansprucht Zeitraum-2 lange mehr
Dieser Bus fährt länger.

Baiskeli yako ni nzuri zaidi.
Fahrrad dein ist schön mehr
Dein Fahrrad ist schöner.

Mwanafunzi huyu anajifunza vizuri zaidi kuliko wengine.
Schüler-1 dieser er-lernt gut mehr als andere
Dieser Schüler lernt besser als die anderen.

Anafanya kazi zile vizuri kabisa.
er/sie-macht Arbeiten jene schön absolut
Er / Sie macht jene Arbeiten ausgezeichnet.

Superlativ

viatu bora
Schuhe-3 beste
die besten Schuhe

chakula bora
Essen-3 am besten
eine ausgezeichnete Mahlzeit

chakula bora kabisa
Essen-3 am besten absolut
die beste Mahlzeit überhaupt

nyuma kabisa
hinten absolut
ganz hinten

Personalpronomen

Bei den Personalpronomen (persönlichen Fürwörtern) gibt es im Kisuaheli jeweils eine Kurz- und eine Langform. Die Langform verwendet man nur in Verbindung mit dem Hilfsverb „sein", genauer gesagt, mit dessen unveränderlichen Gegenwartsformen **ni** (bejahend) und **si** (verneinend). Die Kurzform ist hingegen eine Vorsilbe, die vor den Stamm des Verbs tritt. Im Folgenden wird sie Kennsilbe genannt.

Eine höfliche Anredeform im Sinne unseres „Sie" gibt es im Kisuaheli nicht. Man verwendet immer die Du-Form.

Langform	Kennsilben (1. Kl.)	
mimi	**ni**	ich
wewe	**u**	du
yeye	**a**	er / sie / es
sisi	**tu**	wir
ninyi	**m**	ihr
wao	**wa**	sie (pl.)

Das Hilfsverb „sein" sowie die (Voll-)Verben werden in den nachfolgenden Kapiteln behandelt. Hier nur zwei Beispiele für den Gebrauch der Langform des Personalpronomens:

Mimi ni mgonjwa.
ich bin krank
Ich bin krank.

Wao si tajiri.
sie sind-nicht reich
Sie sind nicht reich.

Da **ni** und **si,** die Gegenwartsformen des Hilfsverbs „sein", unveränderlich sind (also für alle Personen gleich lauten), werden sie in der Wort-für-Wort-Übersetzung je nach Bedarf mit „bin, bist, ist ..." wiedergegeben.

Die Verwendung der Kurzform soll hier anhand des Verbs **kucheka** (lachen) demonstriert werden. Der Verbstamm lautet **-cheka,** und **-na-** ist die Zeit-Vorsilbe für die Gegenwart. Die Bindestriche dienen hier nur der besseren Orientierung. Richten Sie Ihr Augenmerk hier nur auf die Kennsilben – die Bildung der Verben wird im Kapitel (ab Seite 44) erklärt.

ni-nacheka	ich lache
u-nacheka	du lachst
a-nacheka	er / sie lacht
tu-nacheka	wir lachen
m-nacheka	ihr lacht
wa-nacheka	sie lachen

Wenn zusätzlich das persönliche Fürwort in der Langform hinzugefügt wird, soll dadurch eine besondere Hervorhebung der handelnden Person(en) bewirkt werden.

Wao wanasoma.
sie sie-lesen
Sie lesen.

Sein und Haben

Der Infinitiv des Verbs „sein" lautet **kuwa.** Der Stamm dazu ist **-wa.**

Gegenwart

Die Gegenwartsform des Hilfverbs „sein" lautet **ni,** unabhängig von grammatischer Person oder Zahl. Hierbei wird immer die Langform des Personalpronomens verwendet.

Beachten Sie, dass das Hilfsverb „sein" im Gegensatz zum Deutschen **nicht** zur Bildung von zusammengesetzten Zeiten (z. B. „er ist gekommen", „er war gewesen") herangezogen wird. Es wird nur verwendet, wenn es um ein „reales Vorhandensein" geht.

Mimi ni mtalii.	Ich bin Tourist(-in).
Wewe ni mtalii.	Du bist Tourist(-in).
Yeye ni mtalii.	Er / Sie ist Tourist(-in).
Sisi ni watalii.	Wir sind Tourist(-inn)en.
Ninyi ni watalii.	Ihr seid Tourist(-inn)en.
Wao ni watalii.	Sie sind Tourist(-inn)en.

mtalii (Tourist, Touristin) gehört zur 1. Nominalklasse.

Verneinung der Gegenwart

Ebenso einfach ist die Verneinung. „Nicht sein“ heißt **si,** unabhängig von der Person oder Zahl. Wiederum wird hierbei stets die Langform des Personalpronomens verwendet.

Mimi si mtalii.
Ich bin kein Tourist / keine Touristin.

Wewe si mtalii.
Du bist kein Tourist / keine Touristin.

Vergangenheit und Zukunft

Die Vergangenheit und Zukunft des Hilfsverbs „sein“ werden jedoch anders gebildet. Hierfür benötigt man den Infinitiv **kuwa.** Man verwendet nun nicht die Langform der Personalpronomen, sondern stellt die Kennsilbe vor den Infinitiv. Zwischen Kennsilbe und Infinitiv wird allerdings noch eine Zeitsilbe eingeschoben, nämlich für die Vergangenheit **-li-** und für die Zukunft **-ta-.** Das Schema lautet also:

Kennsilbe – Zeitsilbe – Infinitiv

Verneinung der Vergangenheit und der Zukunft

Für die Verneinung wird der positiven Form **ha-** (bzw. **h-** für „du" und „er / sie") vorangestellt. Die 1. Person Singular („ich") ist eine Ausnahme. Darüber hinaus entfällt in der Vergangenheit die Zeitsilbe **li-**.

Die bejahten und verneinten Formen von Gegenwart und Zukunft lauten:

	Vergangenheit bejaht	Vergangenheit verneint
ni- (ich)	**nilikuwa** (ich war)	**sikuwa** (ich war nicht)
u- (du)	**ulikuwa** (du warst)	**hukuwa** (du warst nicht)
a- (er / sie)	**alikuwa** (er / sie war)	**hakuwa** (er / sie war nicht)
tu- (wir)	**tulikuwa** (wir waren)	**hatukuwa** (wir waren nicht)
m- (ihr)	**mlikuwa** (ihr wart)	**hamkuwa** (ihr wart nicht)
wa- (sie pl.)	**walikuwa** (sie waren)	**hawakuwa** (sie waren nicht)

	Zukunft bejaht	Zukunft verneint
ni- (ich)	**nitakuwa** (ich werde sein)	**sitakuwa** (ich werde nicht sein)
u- (du)	**utakuwa** (du wirst sein)	**hutakuwa** (du wirst nicht sein)
a- (er / sie)	**atakuwa** (er / sie wird sein)	**hatakuwa** (er / sie wird nicht sein)
tu- (wir)	**tutakuwa** (wir werden sein)	**hatutakuwa** (wir werden nicht sein)

m- (ihr)	**mtakuwa** (ihr werdet sein)	**hamtakuwa** (ihr werdet nicht sein)
wa- (sie pl.)	**watakuwa** (sie werden sein)	**hawatakuwa** (sie werden nicht sein)

Haben

Der Infinitiv für „haben“ lautet **kuwa na** („sein mit“), der Stamm ist dabei **-wa na.** Wie Sie sehen, wird also die Funktion unseres Hilfsverbs „haben“ nicht mit einem eigenständigen Verb ausgedrückt, sondern mit einer Wendung, die das Hilfsverb „sein“ enthält.

Gegenwart (bejaht und verneint)

In der Gegenwart tritt die Kennsilbe jedoch vor ein spezielles, weil abweichendes Stammelement **-na.** Soll die Gegenwart verneint werden, wird der bejahten Form ein **ha-** (bzw. **h-** für „du“ und „er / sie“) vorangestellt. Die 1. Person Singular („ich“) bildet wiederum eine Ausnahme.

Auch die Zeitformen von „haben“ werden im Kisuaheli nicht zur Bildung von zusammengesetzten Zeiten (z. B. „ich habe geschlafen“) herangezogen.

	Gegenwart bejaht	Gegenwart verneint
ni (ich)	**nina** (ich habe)	**sina** (ich habe nicht)
u (du)	**una** (du hast)	**huna** (du hast nicht)
a (er/sie/es)	**ana** (er / sie hat)	**hana** (er / sie hat nicht)
tu (wir)	**tuna** (wir haben)	**hatuna** (wir haben nicht)
m (ihr)	**mna** (ihr habt)	**hamna** (ihr habt nicht)
wa (sie pl.)	**wana** (sie haben)	**hawana** (sie haben nicht)

Für alle Zeitformen von „haben“ werden immer nur die Kennsilben der Personalpronomen verwendet.

Nina mkate.
ich-habe Brot-2
Ich habe ein Brot.

Sina gari.
ich-nicht-habe Auto-4
Ich habe kein Auto.

Vergangenheit und Zukunft (bejaht und verneint)

In den anderen Zeitstufen kombiniert man lediglich die Formen von „sein“ mit dem nachgestellten Wörtchen **na.** Dies gilt ebenso für die verneinten Formen. Deshalb soll hier auf eine ausführliche tabellarische Darstellung verzichtet werden.

nilikuwa	ich war
sikuwa	ich war nicht
nitakuwa	ich werde sein
sitakuwa	ich werde nicht sein
nilikuwa na	ich hatte
sikuwa na	ich hatte nicht
nitakuwa na	ich werde haben
sitakuwa na	ich werde nicht haben

Verben und Zeiten

Im Wörterbuchteil dieses Buches finden Sie die Verben nicht unter ihren Infinitiv-Formen, wie dies in den meisten europäischen Sprachen der Fall wäre, sondern unter ihrem Verbstamm. Eine andere Herangehensweise wäre nicht gerade sinnvoll, weil die einheitlichen Vorsilben eine alphabetische Sortierung der Wörter erschweren würden. Allerdings habe ich die Infinitiv-Vorsilben dennoch in eckigen Klammern jeweils ergänzend nachgestellt.

Infinitiv

Der Infinitiv der Verben ist zusammengesetzt aus:

ku- + Verbstamm	
ku-cheka	lachen
ku-anza	beginnen
ku-itwa	heißen, genannt werden

kw- + Verbstamm (einzige Ausnahmen)	
kw-enda	gehen
kw-isha	beendet werden, zu Ende gehen

Reflexive (rückbezügliche) oder passivische Verben werden genauso gebeugt wie die nicht-reflexiven bzw. nicht-passivischen Verben. Die reflexive bzw. passivische Bedeutung ist dabei vollständig im Verbstamm enthalten.

ku-kumbuka	sich erinnern
ku-fungwa	geschlossen werden

Die Infinitive der Verben bilden übrigens die 8. Nominalklasse der Substantive, denn die Infinitiv-Vorsilbe fügt sich in das System der Nominalklassen-Vorsilben ein: **ku-cheka** = lachen; (das) Lachen.

Zeitformen

Die drei Grundbestandteile jedes gebeugten Verbs sind:

Kennsilbe – Zeitsilbe – Verbstamm

Diese geben Auskunft über:

Person (Subjekt) – Zeitstufe – Bedeutung des jeweiligen Verbs

Die Kennsilbe drückt die handelnde Person (auch Tier oder Gegenstand) bzw. das Subjekt des Satzes aus. Da sich die Kennsilben in der 3. Person nach der Nominalklassenzugehörigkeit des Subjekts richten, enthält die „Übersichtstabelle der Nominalklassen" (Seite 220) auch eine Spalte über die Verb-Kennsilben.

Im Anschluss an das Kapitel „Können, Wollen, Müssen" finden Sie ausführliche Tabellen zum Thema „Die Zeitformen im Überblick". Ich empfehle Ihnen, zwischendurch immer wieder mal einen Blick auf diese Tabellen zu werfen. Die verschiedenen Veränderungen, denen das Verb unterworfen ist, lassen sich aus einer Gesamtperspektive besser nachvollziehen.

In der 1. Nominalklasse wird bei den Kennsilben noch zwischen der 1., 2. und 3. Person Singular und Plural unterschieden. Dies liegt daran, dass die Rolle einer 1. oder 2. Person („ich", „du", „wir", „ihr") in aller Regel nur von Menschen ausgeübt wird, und Menschen gehören zur 1. Nominalklasse. Dementsprechend wird in allen anderen Nominalklassen nur zwischen Singular und Plural unterschieden. Es gibt dort also nur eine 3. Person.

1. Person sg. (1. Kl.)	**ni-**
2. Person sg. (1. Kl.)	**u-**
3. Person sg. (1. Kl.)	**a-**

1. Person pl. (1. Kl.)	**tu-**
2. Person pl. (1. Kl.)	**m-**
3. Person pl. (1. Kl.)	**wa-**
2. Kl. sg.	**u-**
2. Kl. pl.	**i-**
3. Kl. sg.	**ki-**
3. Kl. pl.	**vi-**
4. Kl. sg.	**li-**
4. Kl. pl.	**ya-**
5. Kl. sg.	**i-**
5. Kl. pl.	**zi-**
6. Kl. sg.	**u-**
6. Kl. pl.	**zi-**
7. Kl. sg. / pl.	**pa-**
8. Kl.	**ku-**

Wazazi wanarudi.
Eltern-1 sie-zurückkommen
Die Eltern kehren zurück.

Bei Lebewesen als Subjekt des Satzes sind ungeachtet ihrer tatsächlichen Nominalklassen-Zugehörigkeit stets die Kennsilben der 1. Nominalklasse zu verwenden.

Jogoo anapiga kelele.
Hahn er-schlägt Krach
Der Hahn macht Krach.

Basi linaondoka.
Bus-4 er-abfährt
Der Bus fährt ab.

Die Zeitsilbe tritt zwischen Kennsilbe und Verbstamm und zeigt die Zeitstufe des Verbs an. In der Wort-für-Wort-Übersetzung wird die grammatische Zeitstufe des Verbs mit angegeben, die Zeitsilbe wird aber nicht besonders hervorgehoben.

Die Zeitsilben lauten für die …	
Gegenwart:	**-na-**
Zukunft:	**-ta-**
Vergangenheit:	**-li-**

Der Verbstamm ist die für die Wortbedeutung der Verbformen relevante, eigentliche „Grundform“ des Verbs. Man erhält sie, wenn vom Infinitiv dessen Vorsilbe **ku-** weggestrichen wird. In dieser Form finden Sie die Verben im Wörterbuch.

Für die deutschen Übersetzungen der Kisuaheli-Sätze gilt zu beachten, dass auch wenn der Satz im Kisuaheli in der „einfachen“ Vergangenheit steht, er im Deutschen trotzdem oft in der vollendeten Gegenwart (Perfekt) wiedergegeben wird.

Anatafuta posta.
er-/sie-sucht Postamt
Er / Sie sucht das Postamt.

Nitaandika barua.
ich-werde-schreiben Brief
Ich werde einen Brief schreiben.

Tutalala hotelini.
wir-werden-schlafen Hotel-in
Wir werden im Hotel schlafen.

Nilifika kwa treni.
ich-ankam mit Zug
Ich bin mit dem Zug angekommen.

Treffen bei der Bildung der Zeitform zwei Vokale aufeinander, werden sie getrennt ausgesprochen:

Ataanza kesho.
er-/sie-wird-beginnen morgen
Er / Sie wird morgen anfangen.

Sasa tunaendelea na safari.
jetzt wir-weitermachen mit Safari
Jetzt setzen wir die Safari fort.

Bei Verben, deren Stamm einsilbig ist, wie **kula** und **kuja,** sowie in den Ausnahmefällen **kwenda** und **kwisha** bleiben die Infinitiv-Formen auch in der Beugung vollständig erhalten. Es wird also nicht nur der Verbstamm verwendet. Dies erklärt dann auch die gebeugten Formen von „sein“.

Mtoto anakwenda shuleni.
Kind-1 er-/sie-geht Schule-in
Das Kind geht in die Schule.

Tulikula sokoni.
wir-aßen Markt-4-in
Wir haben auf dem Markt gegessen.

Watakuja nyumbani kesho.
sie-werden-kommen Haus-in morgen
Sie werden morgen nach Hause kommen.

In diesen Sätzen finden Sie die vielseitig verwendbare örtliche Verhältniswort-Endung **-ni** („in“, aber auch „auf“, „nach“, „zu“). Es wird an das Substantiv, das den Ort ausdrückt, wo die Handlung geschieht bzw. wohin sich das Subjekt des Satzes bewegt, ähnlich wie eine Fallendung angehängt. Dies ist bemerkenswert, sind doch die anderen Verhältniswörter des Kisuaheli echte Präpositionen, d. h. eigenständige Wörter, die vor ihrem Bezugswort stehen.

Umgangssprachliche Varianten

In der Umgangssprache setzt sich bei einigen Verben immer mehr eine Kurzform durch, die man z. B. in kurzen Dialogen auf dem Markt, im Restaurant oder auf dem Busbahnhof zu hören bekommt. Prinzipiell liegt man mit der korrekt gebeugten Form immer richtig. Wenn man aber nun ganz authentisch-volkstümlich seine Wünsche äußern möchte, dann lasse man bei den Gegenwartsformen die Kennsilbe **ni-** („ich") weg. Gebräuchlich sind vor allem die folgenden drei Kurzformen:

napenda	anstelle von **ninapenda**	ich möchte
nataka	anstelle von **ninataka**	ich will
naomba	anstelle von **ninaomba**	ich bitte um

Wichtige Verben	
kuondoka	abreisen
kuanza	anfangen
kufika	ankommen
kujibu	antworten
kufanya kazi	arbeiten
kuoga	baden, duschen
kupata	bekommen
kulipa	bezahlen
kuomba	bitten um
kubaki	bleiben
kuleta	bringen
kufikiri	denken
kuwa na kiu	durstig sein
kuingia	eintreten

kula	essen
kuokota	finden (Dinge)
kuruka	fliegen, springen
kuuliza	fragen
kupa	geben
kuitwa	heißen
kusaidia	helfen
kusikia	hören
kuwa na njaa	hungrig sein
kununua	kaufen
kujua	kennen, wissen
kuja	kommen
kuishi	leben
kujifunza	lernen
kusoma	lesen, lernen
kupenda	lieben, mögen, gern haben
kupendelea	lieber mögen
kulala	liegen, schlafen
kufanya	machen, tun
kukodi	mieten
kuchukua	nehmen, tragen
kuita	nennen, rufen
kufungua	öffnen
kusafiri	reisen
kusema	sagen, sprechen
kufunga	schließen
kulia	schreien, weinen
kuona	sehen, finden
kuimba	singen
kucheza	spielen

kusimama	stehen
kutafuta	suchen
kupiga simu	telefonieren
kunywa	trinken
kutia sahihi	unterschreiben
kusahau	vergessen
kupotea	sich verirren, verloren gehen
kukopesha	verleihen
kupoteza	verlieren
kufahamu	verstehen
kungoja	warten
kufua	waschen (Kleidung)
kunawa	waschen (Hände)
kukaa	wohnen
kuonyesha	zeigen

Können, Wollen, Müssen: Modalverben

In diesem Abschnitt geht es um die sogenannten modalen Hilfsverben, also gebeugte Wörter, die mit bedeutungstragenden Vollverben kombiniert werden und dem Prädikat (der Satzaussage) so eine gewisse Bedeutungsnuance der Art und Weise (eine „Modalität") hinzufügen. Grammatikalisch gelten diese Hilfsverben als der Kern des Prädikats, tatsächlich haben sie aber nur eine Hilfsfunktion.

kuweza	können
kutaka	wollen
kupenda	lieben, mögen
kuruhusiwa	erlaubt sein, dürfen
kuwa lazima	notwendig sein, müssen

Kombiniert man diese Hilfsverben mit einem bedeutungstragenden Vollverb, so steht dieses stets im Infinitiv (also **ku-** + Verbstamm):

Ninataka kula.
ich-will essen
Ich will essen.

Tulitaka kubaki hapa.
wir-wollten bleiben hier
Wir wollten hierbleiben.

Hapa inaruhusiwa kuvuta sigara.
hier es-ist-erlaubt ziehen Zigarette
Hier dürfen wir rauchen.

Die Kisuaheli-Entsprechung für unser Hilfsverb „müssen" wird mit dem Ausdruck **ni lazima** (es ist notwendig) gebildet. Das dazugehörige Vollverb steht dabei im Konjunktiv (Möglichkeitsform). Hierbei wird die Kennsilbe direkt mit dem Verbstamm kombiniert. Außerdem wird das Endungs-**a** durch **-e** ersetzt.

Man wird Sie aber auch verstehen, wenn Sie – entgegen der grammatischen Regel – das betreffende Verb ganz normal beugen oder im Infinitiv verwenden.

Ni lazima niondoke / tuondoke.
es-ist notwendig ich-solle-abreisen / wir-sollen-abreisen
Ich muss / Wir müssen abreisen.

Verneinung der Verbformen

Die Verneinung eines gebeugten Verbs, die im Deutschen ganz einfach durch ein separates Wörtchen „nicht" erfolgt, ist im Kisuaheli leider etwas schwieriger, da hier besondere negative Beugungsformen des Verbs erforderlich sind. Vor die Kennsilbe des regulären (also nicht-verneinten) Verbs tritt die verneinende Vorsilbe **ha-**. Nur die ersten drei Personen Singular („ich, du, er / sie") der 1. Nominalklasse tanzen aus der Reihe. Es wird dort nämlich nicht die Vorsilbe **ha-** eingefügt, sondern die Kennsilbe selbst wird durch die nachfolgenden personenspezifischen negativen Vorsilben ersetzt. Diese Ausnahme gilt für sämtliche verneinten Zeiten und auch für einsilbige Verben.

si-	ich nicht
hu-	du nicht
ha-	er / sie / es nicht

Gegenwart

Außerdem entfällt bei der Verneinung der Gegenwart auch noch die Zeitsilbe **-na-**. Schließlich wird noch das Endungs-**a** des Verbstamms durch **-i** ersetzt. Endet der Verbstamm nicht auf **-a**, bleibt er unverändert. In der verneinten Gegenwart entfällt immer die Vorsilbe **ku-** der Grundform.

ku-ona sehen; finden (nur für Personen) bejaht	
ni-na-ona	ich sehe
u-na-ona	du siehst
a-na-ona	er / sie sieht
tu-na-ona	wir sehen
m-na-ona	ihr seht
wa-na-ona	sie sehen
verneint	
si-oni	ich sehe nicht
hu-oni	du siehst nicht
ha-oni	er / sie sieht nicht

ha-tu-oni	wir sehen nicht
ha-mw-oni	ihr seht nicht
ha-wa-oni	sie sehen nicht

kuona wird regelmäßig gebeugt. Zur besseren Aussprache wird jedoch bei der verneinten 2. Person Plural ein **-w-** zwischen **m-** und **-o** geschoben. Es heißt also **hamwoni,** nicht etwa „hamoni".

Die Vorsilbe **ku-** des Infinitivs geht in der verneinten Gegenwart auch bei denjenigen Verben verloren, deren Stamm einsilbig ist, z. B. **kula** (essen) und **kuja** (kommen), sowie auch bei dem unregelmäßigen Verb **kwenda** (gehen).

ni-na-ku-la	ich esse
si-li	ich esse nicht
ni-na-ku-ja	ich komme
si-ji	ich komme nicht
ni-na-kw-enda	ich gehe
si-endi	ich gehe nicht

Sili nyama yo yote.
nicht-ich-esse Fleisch irgendein
Ich esse überhaupt kein Fleisch.

Sioni kituo cha basi.
nicht-ich-sehe Stelle-3 von Bus-4
Ich finde die Bushaltestelle nicht.

Hatuendi kuogelea leo.
nicht-wir-gehen schwimmen heute
Wir gehen heute nicht schwimmen.

Treni haiondoki sasa.
Zug er-nicht-abfährt jetzt
Der Zug fährt nicht jetzt ab.

Kwa bahati mbaya yeye hawezi kuja.
mit Glück schlecht er/sie nicht-kann kommen
Leider kann er / sie nicht kommen.

Hatuwezi kuona hoteli.
nicht-wir-können sehen Restaurant
Wir können das Restaurant nicht finden.

Vergangenheit

Bei der Verneinung der Vergangenheit tritt die Silbe **-ku-** an die Stelle der regulären Zeitsilbe **-li-**. Nur bei den einsilbigen Verben sowie bei **kwenda** und **kwisha** entfällt die Zeitsilbe ersatzlos. Außerdem behalten sie ihre Infinitivform bei.

ni-li-weza	ich konnte
si-ku-weza	ich konnte nicht
ni-li-kuja	ich kam
si-kuja	ich kam nicht
ni-li-kwenda	ich ging
si-kwenda	ich ging nicht

Hakupiga simu rafiki.
nicht-er/sie-schlug Telefon Freund
Er / Sie hat den Freund nicht angerufen.

Zukunft

Die Zeitsilbe **-ta-** der Zukunft verändert sich in der Verneinung nicht. Dies gilt auch für die unregelmäßig gebeugten Verben. Die einsilbigen Verben sowie **kwenda** und **kwisha** behalten wieder ihre Infinitivform bei.

ni-ta-soma	ich werde lesen
si-ta-soma	ich werde nicht lesen
ni-ta-ku-ja	ich werde kommen
si-ta-ku-ja	ich werde nicht kommen
ni-ta-kw-enda	ich werde gehen
si-ta-kw-enda	ich werde nicht gehen

Ndege haitaondoka kesho.
Flugzeug nicht-es-wird-losgehen morgen
Das Flugzeug wird morgen nicht fliegen.

Zeitformen im Überblick

kutaka (wollen) – als Beispiel für regelmäßige Verben			
Gegenwart			
bejaht		verneint	
ni-na-taka	ich will	**si-taki**	ich will nicht
u-na-taka	du willst	**hu-taki**	du willst nicht
a-na-taka	er / sie will	**ha-taki**	er / sie will nicht
tu-na-taka	wir wollen	**ha-tu-taki**	wir wollen nicht
m-na-taka	ihr wollt	**ha-m-taki**	ihr wollt nicht
wa-na-taka	sie wollen	**ha-wa-taki**	sie wollen nicht

Vergangenheit bejaht		verneint	
ni-li-taka	ich wollte	**si-ku-taka**	ich wollte nicht
u-li-taka	du wolltest	**hu-ku-taka**	du wolltest nicht
a-li-taka	er / sie wollte	**ha-ku-taka**	er / sie wollte nicht
tu-li-taka	wir wollten	**ha-tu-ku-taka**	wir wollten nicht
m-li-taka	ihr wolltet	**ha-m-ku-taka**	ihr wolltet nicht
wa-li-taka	sie wollten	**ha-wa-ku-taka**	sie wollten nicht

Zukunft bejaht		verneint	
ni-ta-taka	ich werde wollen	**si-ta-taka**	ich werde nicht wollen
u-ta-taka	du wirst wollen	**hu-ta-taka**	du wirst nicht wollen
a-ta-taka	er / sie wird wollen	**ha-ta-taka**	er / sie wird nicht wollen
tu-ta-taka	wir werden wollen	**ha-tu-ta-taka**	wir werden nicht wollen
m-ta-taka	ihr werdet wollen	**ha-m-ta-taka**	ihr werdet nicht wollen
wa-ta-taka	sie werden wollen	**ha-wa-ta-taka**	sie werden nicht wollen

kuja (kommen) – als Beispiel für einsilbige Verben

Gegenwart

bejaht		verneint	
ni-na-kuja	ich komme	**si-ji**	ich komme nicht
u-na-kuja	du kommst	**hu-ji**	du kommst nicht
a-na-kuja	er / sie kommt	**ha-ji**	er / sie kommt nicht
tu-na-kuja	wir kommen	**ha-tu-ji**	wir kommen nicht
m-na-kuja	ihr kommt	**ha-m-ji**	ihr kommt nicht
wa-na-kuja	sie kommen	**ha-wa-ji**	sie kommen nicht

Vergangenheit

bejaht		verneint	
ni-li-kuja	ich kam	**si-kuja**	ich kam nicht
u-li-kuja	du kamst	**hu-kuja**	du kamst nicht
a-li-kuja	er / sie kam	**ha-kuja**	er / sie kam nicht
tu-li-kuja	wir kamen	**ha-tu-kuja**	wir kamen nicht
m-li-kuja	ihr kamt	**ha-m-kuja**	ihr kamt nicht
wa-li-kuja	sie kamen	**ha-wa-kuja**	sie kamen nicht

Zukunft

bejaht		verneint	
ni-ta-kuja	ich werde kommen	**si-ta-kuja**	ich werde nicht kommen
u-ta-kuja	du wirst kommen	**hu-ta-kuja**	du wirst nicht kommen
a-ta-kuja	er / sie wird kommen	**ha-ta-kuja**	er / sie wird nicht kommen
tu-ta-kuja	wir werden kommen	**ha-tu-ta-kuja**	wir werden nicht kommen

m-ta-kuja	ihr werdet kommen	**ha-m-ta-kuja**	ihr werdet nicht kommen
wa-ta-kuja	sie werden kommen	**ha-wa-ta-kuja**	sie werden nicht kommen

kwenda (gehen) – unregelmäßiges Verb, ebenso: **kwisha** (zu Ende gehen)

Gegenwart			
bejaht		verneint	
ni-na-kwenda	ich gehe	**si-endi**	ich gehe nicht
u-na-kwenda	du gehst	**hu-endi**	du gehst nicht
a-na-kwenda	er / sie geht	**ha-endi**	er / sie geht nicht
tu-na-kwenda	wir gehen	**ha-tu-endi**	wir gehen nicht
m-na-kwenda	ihr geht	**ha-mw-endi**	ihr geht nicht
wa-na-kwenda	sie gehen	**ha-wa-endi**	sie gehen nicht

Vergangenheit			
bejaht		verneint	
ni-li-kwenda	ich ging	**si-kwenda**	ich ging nicht
u-li-kwenda	du gingst	**hu-kwenda**	du gingst nicht
a-li-kwenda	er / sie ging	**ha-kwenda**	er / sie ging nicht
tu-li-kwenda	wir gingen	**ha-tu-kwen-da**	wir gingen nicht
m-li-kwenda	ihr gingt	**ha-m-kwen-da**	ihr gingt nicht
wa-li-kwenda	sie gingen	**ha-wa-kwen-da**	sie gingen nicht

Zukunft bejaht	
ni-ta-kwenda	ich werde gehen
u-ta-kwenda	du wirst gehen
a-ta-kwenda	er / sie wird gehen
tu-ta-kwenda	wir werden gehen
m-ta-kwenda	ihr werdet gehen
wa-ta-kwenda	sie werden gehen

verneint	
si-ta-kwenda	ich werde nicht gehen
hu-ta-kwenda	du wirst nicht gehen
ha-ta-kwenda	er / sie wird nicht gehen
ha-tu-ta-kwenda	wir werden nicht gehen
ha-m-ta-kwenda	ihr werdet nicht gehen
ha-wa-ta-kwenda	sie werden nicht gehen

Zwar wird **kwisha** (zu Ende gehen) nach dem Muster von **kwenda** gebeugt, ist aber aufgrund seiner Bedeutung nicht in allen Zeiten gebräuchlich und auch nicht auf Personen anwendbar. Meist steht es mit der im folgenden Abschnitt besprochenen Zeitsilbe **-me-**, die die vollendete Gegenwart bzw. das Resultatsperfekt ausdrückt, so z. B. in **mkate umekwisha** (das Brot ist alle).

Weitere Zeitformen

Neben diesen drei Zeitstufen gibt es im Kisuaheli noch weitere Zeitformen, von denen ich hier aber nur die zwei wichtigsten nennen möchte.

Zeitsilbe **-me-** (Resultatsperfekt)

Die Zeitsilbe der Vergangenheit **-li-** steht immer dann, wenn die Handlung in der Vergangenheit geschah und auch vollständig beendet wurde. Dagegen wählt man die Zeitsilbe **-me-,** wenn ein Vorgang in der (jüngsten) Vergangenheit zu einem Resultat geführt hat, das in der Gegenwart noch immer unverändert vorliegt.

Treni imefika Mombasa.
Zug er-ist-angekommen Mombasa
Der Zug ist in Mombasa eingetroffen.

Watoto wamelala.
Kinder-1 sie-haben-sich-hingelegt
Die Kinder sind eingeschlafen.

Basi limesimama.
Bus-4 er-hat-angehalten
Der Bus hat angehalten.

Nimesimama.
ich-bin-aufgestanden
Ich stehe.

Chakula kimekwisha.
Essen-3 es-ist-ausgegangen
Das Essen ist alle.

Die letzten beiden Beispiele zeigen, dass entsprechende Ausdrücke im Deutschen durchaus mit Präsens-Verben ausgedrückt werden können und man dabei kaum daran denkt, dass es tatsächlich doch die gegenwärtigen Ergebnisse von Ereignissen in der Vergangenheit sind.

Die Verneinung des Resultatsperfekts erfolgt ebenso wie in der eigentlichen Vergangenheit mit Hilfe der Zeitsilbe **-ku-,** die dann die Zeitsilbe **-me-** ersetzt.

tu-me-lala
wir sind eingeschlafen / wir haben geschlafen

ha-tu-ku-lala
wir sind nicht eingeschlafen / wir haben nicht geschlafen

Zeitsilbe **-mesha-** („schon / bereits")

Wichtig ist auch die Zeitsilbe **-mesha-**. Sie drückt aus, wenn etwas zum Zeitpunkt des Sprechens bereits getan worden ist. In der Wort-für-Wort-Übersetzung wird sie deshalb mit „schon" übersetzt.

Ameshafika hapa.
er/sie-ist-schon-angekommen hier
Er / Sie ist hier schon eingetroffen.

Tumeshakula chakula cha mchana.
wir-haben-schon-gegessen Essen-3 von Tag
Wir haben bereits zu Mittag gegessen.

Mama ameshakwenda ofisini.
Mutter sie-ist-schon-gegangen Büro-in
Mutter ist schon ins Büro gegangen.

In verneinten Sätzen wird die Zeitsilbe **-mesha-** (schon) durch **-ja-** (noch nicht) ersetzt.

Rafiki yangu hajaandika barua.
Freund mein hat-noch-nicht-geschrieben Brief
Mein Freund hat noch keinen Brief geschrieben.

Objekt (Satzergänzung)

Bevor wir zum grammatischen Objekt (Satzergänzung) im Kisuaheli-Verb kommen, hier noch ein kurzer Blick auf den Satzbau. Anders als im Deutschen werden Substantive in Objektfunktion nicht nach Fällen gebeugt, sondern bleiben unverändert. Entscheidend ist hier die grundlegende Wortreihenfolge im Satz: Subjekt – Prädikat – Objekt.

Baba alisoma kitabu hiki.
Vater er-las Buch-3 dieses
Vater hat dieses Buch gelesen.

Msafiri alinunua tiketi yake.
Reisende/r-1 er/sie-kaufte Fahrschein sein/ihr
Der / Die Reisende hat seinen / ihren Fahrschein gekauft.

Objektsilben des Verbs

Das Kisuaheli-Verb kann neben der Kennsilbe für das Subjekt auch noch, von dieser durch die Zeitsilbe getrennt, eine sogenannte Objektsilbe enthalten. Diese identifiziert das Objekt, indem sie in Nominalklasse und grammatischer Zahl (Singular oder Plural) mit dem Objektssubstantiv übereinstimmt. Die Reihenfolge der grammatischen Elemente (bzw. Silben) innerhalb des Verbs lautet also wie folgt:

Kennsilbe (Subjekt) – Zeitsilbe – Objektsilbe – Verbstamm

Es wird nicht zwischen Akkusativ- und Dativobjekten (direkten bzw. indirekten Objekten) unterschieden, sondern sowohl auf die Frage „wen?“ als auch auf „wem?“ geantwortet. Wenn sich das

Objekt auf einen Menschen bezieht (d. h. auf die 1., 2. und 3. Person Singular und Plural der 1. Nominalklasse), dann ist die entsprechende Objektsilbe im Verbschema obligatorisch.

-ni-	mir; mich
-ku-	dir; dich
-m-	ihm / ihr; ihn / sie (sg.)
-tu-	uns
-wa-	euch
-wa-	ihnen; sie (pl.)

Die Objektsilben sind in den folgenden Beispielen unterstrichen:

Rafiki yako alituona.
Freund dein er-uns-sah
Dein Freund hat uns gesehen.

Tutakuandikia barua.
wir-werden-dir-schreiben-zu Brief
Wir werden dir einen Brief schreiben.

Kondakta alinipa tiketi ya basi.
Schaffner-4 er-mir-gab Fahrschein von Bus-4
Der Schaffner hat mir den Busfahrschein gegeben.

Mwenyeji alinipa ufunguo wa nyumba yake.
Eigentümer-1 er-mir-gab Schlüssel-6 des Hauses sein
Der Eigentümer hat mir den Schlüssel seines Hauses gegeben.

Tutawaona watu wengi sokoni.
wir-werden-sie-sehen Menschen-1 viele Markt-in
Wir werden auf dem Markt viele Menschen sehen.

Tuliwakuta rafiki zetu.
wir-sie-trafen Freunde unsere
Wir haben unsere Freunde getroffen.

Anders als bei den Ausdrücken, die sich auf Menschen beziehen und unseren Personalpronomen entsprechen, dienen die Objektssilben der anderen Nominalklassen nur zur besonderen Hervorhebung. Ihre Formen stimmen mit denen der Kennsilben (für das Subjekt) überein. Sie nehmen nur eine andere Position innerhalb des Verbs ein, da sie erst nach der Zeitsilbe stehen. Aus diesem Grund, und weil man praktisch immer auch ohne diese auf Nicht-Lebewesen bezogenen Objektssilben gut verstanden wird, verzichte ich hier auf eine tabellarische Auflistung.

Befehlssätze

Es gibt im Kisuaheli zwei unterschiedliche Befehlsformen des Verbs (Imperativ): zum einen die tatsächlich befehlende und zum anderen die bittende Form. Letztere ist natürlich die höflichere Variante.

Eigentlicher Imperativ

Der Imperativ im engeren Sinn besteht im Singular aus dem bloßen Verbstamm, für den Plural wird hieran noch ein **-ni** angehängt. Außerdem wird im Plural ein **-a** im Auslaut des Verbstamms durch **-e** ersetzt.

kungoja	warten
Ngoja!	Warte!
Ngojeni!	Wartet!

kuona	sehen
Ona!	Sieh!
Oneni!	Seht!

Der Imperativ Singular des Verbs **ku-leta** (bringen) endet auf **-e,** nicht auf **-a.** Die Verben **kwenda** und **kuja** bilden unregelmäßige Imperative:

kuleta	bringen
Lete!	Bring!
Leteni!	Bringt!

kwenda	gehen
Nenda!	Geh!
Nendeni!	Geht!

kuja	kommen
Njoo!	Komm!
Njooni!	Kommt!

Höfliche Aufforderungsform

Wenn man höflich auffordern will, also um etwas bittet, verwendet man im Kisuaheli die zweite Imperativform. Sie wird aus der Kennsilbe der 2. Person Singular **u-** bzw. Plural **m-** sowie dem Verbstamm gebildet. Auch hier wird ein **-a** im Auslaut des Verbstamms durch **-e** ersetzt. Diese Verbform ist der Konjunktiv (Möglichkeitsform), die in der Wort-für-Wort-Übersetzung mit „sollen" plus Verb wiedergegeben wird.

Usubiri tafadhali!
du-sollst-warten bitte
Würdest du bitte warten!

Das Wörtchen **tafadhali** (bitte) darf hierbei nicht fehlen!

Tafadhali unipe sigara!
bitte du-sollst-mir-geben Zigarette
Bitte gib mir eine Zigarette!

Mpike chakula tafadhali!
ihr-sollt-kochen Essen-3 bitte
Würdet ihr bitte das Essen kochen!

Eine höfliche Aufforderung wird verneint, indem man zwischen Kennsilbe und Verbstamm die Silbe **-si-** einfügt:

Usinywe maji hayo!
du-nicht-sollst-trinken Wasser-4 dieses
Trink dieses Wasser nicht!

Usivute sigara!
du-nicht-sollst-ziehen Zigarette
Rauchen verboten!

Relativsätze

Relativsätze sind vollständige Nebensätze, die ein Bezugssubstantiv haben und dazu dienen, dieses Substantiv näher zu identifizieren. Hinsichtlich ihrer Funktion sind sie also einem Adjektiv als Begleiter eines Substantivs ähnlich. Die Einbindung des Relativsatzes in den Hauptsatz erfolgt in der Regel durch ein Relativpronomen. Im Kisuaheli sind diese Relativpronomen wieder eine Domäne der Nominalklassen-Marker. Man kann im Kisuaheli Relativsätze auf zwei Arten bilden. Hier möchte ich jedoch nur auf die einfachere Variante eingehen, die mit **amba-** gebildet wird. An **amba-** wird die sogenannte Relativsilbe gehängt, welche sich nach Zahl und Nominalklasse des Bezugssubstantivs richtet.

1. Kl. sg.	**ye**
1. Kl. pl.	**o**
2. Kl. sg.	**o**
2. Kl. pl.	**yo**
3. Kl. sg.	**cho**
3. Kl. pl.	**vyo**
4. Kl. sg.	**lo**
4. Kl. pl.	**yo**
5. Kl. sg.	**yo**
5. Kl. pl.	**zo**
6. Kl. sg.	**o**
6. Kl. pl.	**zo**
7. Kl. sg. / pl.	**po**
8. Kl.	**ko**

treni ambayo inakwenda Moshi
Zug welcher er-geht Moshi
der Zug, der nach Moshi fährt / der Zug nach Moshi

kaka yangu ambaye anavuta sigara
Bruder-1 mein welcher er-zieht Zigaretten
mein Bruder, der raucht

Tunatafuta basi ambalo litakwenda Dar kesho.
wir-suchen Bus-4 welcher er-wird-gehen Dar morgen
Wir suchen den Bus, der morgen nach Daressalam fährt.

Das unbestimmte Pronomen „irgendein (-e)“ wird übrigens auch mit der Relativsilbe gebildet:

Substantiv – Relativsilbe – Relativsilbe (ohne Endvokal) + **-ote**

Die Relativsilbe kommt in dieser Konstruktion also zweimal vor. In Kombination mit **-ote** (alle) verliert die Relativsilbe ihren Vokal.

mtu ye yote
Mensch-1 welcher welcher-alle
irgendein Mensch

Fragesätze

Das Kisuaheli kennt auch die vermutlich universelle Unterscheidung zwischen Satzfragen und Ergänzungsfragen.

Satzfragen

Satzfragen sind Fragen, auf die man typischerweise nur mit „ja“, „nein“ oder „vielleicht“ antworten kann. Der entsprechende Aussagesatz wird einfach mit fragender Intonation ausgesprochen.

Moses yuko nyumbani.
Moses er-irgendwo Haus-in
Moses ist zu Hause.

Moses yuko nyumbani?
Moses er-irgendwo Haus-in
Ist Moses zu Hause?

Ergänzungsfragen

Ergänzungsfragen sind diejenigen, die mit konkreten Fragewörtern gebildet werden. Die Satzstellung bleibt unverändert. Das Fragewort steht im Allgemeinen am Satzende.

wapi	wo?, wohin?, woher?
nini	was?
gani	welche (-r, -s)?
lini	wann?
nani	wer?, wen?, wem?
kwa nini *durch was*	warum?
ngapi	wie viel?, wie viele?

Rafiki yako anatoka wapi?
Freund dein er-kommt woher
Woher kommt dein Freund?

Wapi (wo?, wohin?, woher?) kann auch am Satzanfang, und dann ohne Verb stehen. Das geht aber nur dann, wenn es sich um das (in diesem Fall nicht vorhandene) Verb **ni** „sich befinden“ handelt.

Wapi hoteli?
wo Restaurant
Wo ist das Restaurant?

Unafanya kazi gani?
du-machst Arbeit welche
Was arbeitest du?

Kwa nini hamtaki kula chakula hiki?
durch was nicht-ihr-wollt essen Mahlzeit-3 diese
Warum wollt ihr dies nicht essen?

Unafikiri nini?
du-denkst was
Was denkst du?

Basi ambalo linakwenda Nairobi litaondoka lini?
Bus-4 welcher er-geht Nairobi er-wird-abfahren wann
Wann wird der Bus nach Nairobi abfahren?

-ngapi wird wie ein Adjektiv behandelt, richtet sich also in Nominalklasse und Zahl nach dem Substantiv, auf das es sich bezieht. Dementsprechend nimmt es die Vorsilben an, die Sie im Kapitel „Adjektive (Eigenschaftswörter)“ kennengelernt haben.

shilingi ngapi?
Schillinge wie-viele
wie viel Schilling?

watalii wangapi?
Touristen-1 wie-viele
wie viele Touristen?

Unapenda maembe mangapi?
du-möchtest-gern Mangos-4 wie-viele
Wie viele Mangos möchten Sie?

Watu wangapi wanakwenda mpaka Mwanza?
Menschen-1 wie-viele sie-gehen bis Mwanza
Wie viele Menschen fahren bis Mwanza?

Zur Verstärkung eines Fragesatzes kann man noch das Wörtchen **je** an den Satzanfang stellen, was so viel heißt wie „sag / sagt mal …“:

Je, unaitwa nani?
sag-mal du-wirst-gerufen wer
Wie heißt du? / Wie heißen Sie?

Je, kuna chakula gani hapa?
sag-mal es-gibt Essen-3 welches hier
Was für Essen gibt es hier?

Je, nani hana tiketi bado?
sag-mal wer er-hat-nicht Fahrschein noch
Wer hat noch keinen Fahrschein?

Konjunktionen (Bindewörter)

Die Konjunktionen des Kisuaheli werden in der Regel wie ihre deutschen Gegenstücke verwendet:

na	und
wewe na mimi	du und ich
au	oder
lakini	aber
kwa sababu	weil, denn
baada ya	nachdem
kabla ya	bevor
kama	wenn (Bedingung)
ama … ama …	entweder … oder …
wala … wala …	weder … noch …
kama	wie (vergleichend)
kwamba	dass

Ninapenda kula nyama ya ng'ombe au kuku.
ich-möchte essen Fleisch von Rind oder Huhn
Ich möchte gern Rindfleisch oder Huhn essen.

Tutaondoka ama Alhamisi ama Ijumaa.
wir-werden-abfahren oder Donnerstag oder Freitag
Wir werden entweder am Donnerstag oder am Freitag wegfahren.

ama gibt es nur in dieser festen Zusammensetzung und kann nicht alleinstehend gebraucht werden. Dasselbe gilt für **wala … wala.**

Maria alikwenda nyumbani kwa sababu amechoka.
Maria sie-ging Haus-in mit Grund sie-ist-geworden-müde
Maria ist nach Hause gegangen, weil sie müde ist.

Alisema kwamba anapenda kulala.
er/sie-sagte dass er/sie-möchte schlafen
Er / Sie hat gesagt, dass er / sie schlafen möchte.

Ein zeitliches „als" und „wenn" gibt es nicht als selbständiges Wort. Man kann es nur mit Hilfe einer Silbe bilden, die zwischen Zeitsilbe und Verbstamm steht. In Vergangenheitssätzen lautet die Silbe **-po-**, in Zukunftssätzen lautet sie **-kapo-**, z. B.:

nilipofika nyumbani
ich-als-kam Haus-in
als / nachdem ich zu Hause eingetroffen bin

rafiki aliporudi
Freund er-als-zurückkam
als / nachdem der Freund zurückgekommen ist

atakaporudi nyumbani
er-wird-als-zurückkommen Haus-in
wenn er nach Hause zurückkommt (zurückkommen wird)

Ortsangaben

Um eine Ortsangabe zu machen, braucht man in der Gegenwart nicht unbedingt ein Verb. Man kombiniert lediglich die Kennsilbe (für das Subjekt des Satzes) mit den nachfolgend aufgeführten Ortssilben und bildet somit Sätze nach dem Muster „Person / Gegenstand X befindet sich an Ort Y". In der 1. Nominalklasse stellt die 3. Person Singular (er, sie) jedoch eine Ausnahme dar: Anstelle der Kennsilbe **a-** verwendet man hier **yu-**.

	bezeichnet einen ...
-po *(genau)*	genau bestimmten Ort
-ko *(irgendwo)*	unbestimmten Ort
-mo *(drinnen)*	innenliegenden Ort

Darüber hinaus werden in der Antwort die folgenden Ortsangaben ergänzt:

hapa	hier
huku	hier irgendwo
humu	hier drinnen
pale	dort
kule	dort irgendwo
mle	dort drinnen

Die Kennsilbe richtet sich nach der Nominalklasse des Substantivs. Für Lebewesen werden ungeachtet ihrer eigentlichen Nominalklasse die Kennsilben der 1. Nominalklasse verwendet.

Baba yuko?
Vater er-irgendwo
Ist Vater hier irgendwo?

Yupo hapa.
er-genau hier
Er ist hier.

Choo kiko wapi?
Klo-3 es-irgendwo wo
Wo ist das Klo?

Choo kipo pale.
Klo-3 es-genau dort
Das Klo ist dort.

Mkate uko?
Brot-2 es-irgendwo
Gibt es Brot?

Ndiyo, mkate upo.
ja Brot-2 es-genau
Ja, es gibt Brot.

Für die Verneinung wird die verneinende Vorsilbe **ha-** vorangestellt:

Baba hayupo.
Vater nicht-er-genau
Vater ist nicht da.

Mkate haupo.
Brot-2 nicht-es-genau
Es gibt kein Brot.

In der Umgangssprache kann man auch auf die drei folgenden Wörter zurückgreifen, die diese verwirrende Vielfalt an Ortsbestimmungen etwas vereinfachen:

kuna, iko	es gibt
hakuna, hamna	es gibt nicht

Hakuna choo hapa.
nicht-es-gibt Klo-3 hier
Es gibt kein Klo hier.

Hamna mayai leo.
nicht-es-gibt Eier-4 heute
Es gibt heute keine Eier.

Kuna / Iko maziwa?
es-gibt Milch-4
Gibt es Milch?

Hakuna / Hamna maziwa.
nicht-es-gibt Milch-4
Es gibt keine Milch.

Präpositionen

Im Kisuaheli gibt es zum einen Präpositionen (Verhältniswörter) wie im Deutschen, d. h. selbstständige Wörter, die dem Substantiv, dessen „Verhältnis" zum Satz sie zum Ausdruck bringen, vorangehen. Zum anderen gibt es die Endung **-ni,** die an das Bezugswort wie eine Fallendung angehängt wird. Mit dieser „Verhältnissilbe", die keine Präposition ist, wollen wir anfangen, denn sie drückt fast die ganze Bandbreite an Ortsrelationen aus, für die wir im Deutschen unterschiedliche Präpositionen wie „in, bei, auf, von, aus, nach, zu" usw. benötigen: Der gemeinsame Nenner ist, dass es sich um Ortsangaben handelt, aber dies können Angaben der räumlichen Lage (Antwort auf die Frage „wo?"), der Bewegungsrichtung (Antwort auf die Frage „wohin?") und des Bewegungsursprungs (Antwort auf die Frage „woher?") sein. Welches örtliche Verhältnis, also welche Präposition des Deutschen genau gemeint ist, erkennt man aus dem Satzzusammenhang.

Verhältnissilbe -ni

Watoto hawako shuleni.
Kinder-1 nicht-sie-irgendwo Schule-in
Die Kinder sind nicht in der Schule.

Watoto wanakwenda shuleni.
Kinder-1 sie-gehen Schule-in
Die Kinder gehen zur Schule.

Wapo barabarani.
sie-genau Straße-in
Sie sind auf der Straße.

Mama yupo shambani.
Mutter sie-genau Feld-4-in
Mutter ist auf dem Feld.

Tangu lini uko safarini?
seit wann du-irgendwo Reise-in
Seit wann bist du unterwegs?

An Eigennamen, und das heißt in diesem Zusammenhang vor allem Ortsnamen, wird **-ni** jedoch **nicht** angehängt:

Ninatoka Ulaya.
ich-herkomme Europa
Ich komme aus Europa.

Tutakwenda Nairobi.
wir-werden-gehen Nairobi
Wir werden nach Nairobi fahren.

Neben der Nachsilbe **-ni** gibt es im Kisuaheli aber auch echte Präpositionen. Am wichtigsten von diesen ist wohl **kwa,** das ebenfalls eine große Bandbreite an Bedeutungen abdeckt (u. a. „mit, für, bei, zu, nach“).

Präposition **kwa**

Sema kwa Kiingereza tafadhali!
sag mit Englisch-3 bitte
Sag es bitte auf Englisch!

Tulikuja kwa basi lile.
wir-kamen mit Bus-4 jenem
Wir sind mit jenem Bus gekommen.

Mlikwenda mjini kwa miguu?
ihr-gingt Stadt-2-in mit Füßen-2
Seid ihr zu Fuß in die Stadt gegangen?

Um **kwa** mit den Personalpronomen zu verbinden, muss man an diese die besitzanzeigenden Nachsilben anschließen:

kwangu	bei mir
kwako	bei dir
kwake	bei ihm / ihr
kwetu	bei uns
kwenu	bei euch
kwao	bei ihnen

Das auslautende **-a** von **kwa** entfällt.

Weitere Präpositionen

katika	in, an, auf
mpaka	bis
karibu na	nahe bei
bila	ohne
kwenye	bei, an, auf
kwa ajili ya	wegen
toka	von
tangu	seit
ila	außer
kwenda *gehen*	nach

Tunataka kwenda mpaka Nairobi.
wir-wollen gehen bis Nairobi
Wir wollen bis Nairobi fahren.

Rafiki yangu alifanya safari kwenda Ngorongoro kwa ajili ya wanyama huku.
Freund mein er-machte Safari gehen Ngorongoro mit Zweck von Tiere-1 dort
Mein Freund ist wegen der dortigen Tiere zum Ngorongoro gereist.

Una nini katika sanduku lako?
du-hast was in Koffer-4 dein
Was haben Sie in Ihrem Koffer?

Hoteli yetu iko karibu na shule.
Hotel unser es-irgendwo Nähe und Schule
Unser Hotel liegt in der Nähe der Schule.

Watoto walifanya kazi toka asubuhi mpaka jioni.
Kinder-1 sie-machten Arbeit von Morgen bis Abend
Die Kinder haben von morgens bis abends gearbeitet.

Zahlen und Zählen

Zahlen

0	**sifuri**
1	**moja**
2	**mbili**
3	**tatu**
4	**nne**
5	**tano**

6	**sita**
7	**saba**
8	**nane**
9	**tisa**
10	**kumi**

Die Zahlen von 11 bis 19 werden aus **kumi** (zehn) und der Einerzahl zusammengesetzt, zwischen die als Verbindung **na** (und) tritt:

11	**kumi na moja**	*zehn und eins*
12	**kumi na mbili**	*zehn und zwei*
13	**kumi na tatu**	*zehn und drei*
14	**kumi na nne**	*zehn und vier*
15	**kumi na tano**	*zehn und fünf*
16	**kumi na sita**	*zehn und sechs*
17	**kumi na saba**	*zehn und sieben*
18	**kumi na nane**	*zehn und acht*
19	**kumi na tisa**	*zehn und neun*

Das Bildungsschema für alle weiteren zusammengesetzten Zahlen lautet wie folgt.

Tausender – Hunderter – Zehner – **na** – Einer
bzw.
Tausender – Hunderter – **na** – Zehner
(für Zahlen vom Typ „1230")

Die Reihenfolge geht also strikt von der größten zur kleinsten Einheit, wobei die kleinste Einheit in der Regel die Einerzahlen sind, fallweise aber natürlich auch die Zehner sein können (die

Einerstelle ist in solchen Fällen „0“). Nur diese letzte Zahl wird mit Hilfe von **na** (und) angefügt, d. h. **na** kommt maximal einmal im zusammengesetzten Zahlausdruck vor.

20	**ishirini**	
21	**ishirini na moja**	*zwanzig und eins*
30	**thelathini**	
40	**arobaini**	
50	**hamsini**	
60	**sitini**	
70	**sabini**	
80	**themanini**	
90	**tisini**	
100	**mia moja**	*hundert eins*
101	**mia moja na moja**	*hundert eins und eins*
110	**mia moja na kumi**	*hundert eins und zehn*
111	**mia moja kumi na moja**	*hundert eins zehn und eins*
200	**mia mbili**	*hundert zwei*
1000	**elfu moja**	*tausend eins*
2000	**elfu mbili**	*tausend zwei*
10.000	**elfu kumi**	*tausend zehn*

Lassen Sie sich nicht durch den Aufbau der Zahlwörter ab 100 verwirren! Wenn es in der Wort-für-Wort-Übersetzung heißt „hundert eins“, ist damit nichts anderes als unser „einhundert“ gemeint. Hier wird die „eins“ zur Zähleinheit für den Hunderter (sowie für den Tausender). Die umgekehrte Reihenfolge wird gleich im folgenden Abschnitt besprochen.

Zählen

Zahlwörter werden grammatikalisch wie Adjektive behandelt: Sie stehen ebenso wie diese nach dem Substantiv, auf das sie sich beziehen. Eine Besonderheit ist dabei jedoch zu beachten: Bei den Zahlen 1 bis 5 sowie 8 werden die Nominalklassen-Vorsilben, wie sie auch für die Adjektive gelten, vor das Zahlwort gestellt. Darüber hinaus wird statt **mbili** (zwei) die Form **-wili** (zwei) verwendet. Aufgrund der N-Regel („N!") wird sie dann bei Substantiven der 5. und der 6. Nominalklasse, aber auch nur dort, wieder zu **mbili.**

Auch bei den zusammengesetzten Zahlen muss diese Regel beachtet werden. Nach Nominalklassen gebeugt werden dabei allerdings nur die Einer.

wasafiri wawili
Reisende-1 zwei
zwei Reisende

watu mia mbili na wawili
Menschen-1 hundert zwei und zwei
202 Menschen

Da die Wörter **siku** (Tag) und **saa** (Stunde) der 5. Nominalklasse angehören, muss hier die N-Regel auf die Zahlwörter angewandt werden. Bei den Anfangsbuchstaben **m-, n-, s-** und **t-** bewirkt sie allerdings keine Änderung.

siku nane
Tage acht
acht Tage

saa kumi na tano
Stunden zehn und fünf
15 Stunden

siku kumi na mbili
Tage zehn und zwei
zwölf Tage

Bei **moja** (eins) gibt es eine Besonderheit zu beachten. Dieses Zahlwort erhält stets die Adjektiv-Vorsilbe für die jeweilige Nominalklasse im Singular. Dies ist auch dann der Fall, wenn es sich um ein zusammengesetztes Zahlwort mit **moja** (eins) als Einerzahl handelt (also z. B. 21, 31, usw.). Das gezählte Substantiv steht dann dennoch im Plural und bekommt die entsprechende Nominalklassen-Vorsilbe. Das Wort **moja** als finaler Bestandteil der zusammengesetzten Zahl aber verbleibt entsprechend seiner Wortbedeutung im Singular. Und weil Adjektive der 4. Nominalklasse Singular keine Nominalklassen-Vorsilbe erhalten, bleibt **moja** in diesen Fällen unverändert.

viti sabini na vitatu
Stühle-3 siebzig und drei
73 Stühle

viti sabini na kimoja
Stühle-3 siebzig und eins
71 Stühle

matunda ishirini na moja
Früchte-4 zwanzig und eins
21 Früchte

katika mwaka elfu mbili ishirini na mbili
in Jahr-2 tausend zwei zwanzig und zwei
im Jahr 2022

Rafiki yangu atarudi nyumbani baada ya siku tatu.
Freund mein er-wird-zurückkehren Haus-in nach von Tagen drei
Mein Freund kehrt in drei Tagen nach Hause zurück.

Altersangaben macht man nach folgendem Muster:

Una miaka mingapi?
du-hast Jahre-2 wie-viele
Wie alt bist du / sind Sie?

Nina miaka arobaini na miwili.
ich-habe Jahre-2 vierzig und zwei
Ich bin 42 Jahre alt.

Ordnungszahlen

Die Ordnungszahlen sind mit den Grundzahlen weitestgehend identisch. Ausnahmen bilden lediglich **kwanza** (erste, -r, -s) und **pili** (zweite, -r, -s). Die Ordnungszahlen sind dem Substantiv, auf das sie sich beziehen, nachgestellt. Sie werden allerdings nicht wie beim Zählen von Objekten nach Nominalklassen gebeugt. Zwischen Substantiv und Ordnungszahl tritt nun noch das besitzanzeigende Wort, das sich nach der Nominalklasse des Substantivs richtet. In der Wort-für-Wort-Übersetzung wird dieses mit „von" übersetzt.

Tunataka kuchukua basi la kwanza / pili / tatu.
wir-wollen nehmen Bus-4 von erster / zweiter / drei
Wir wollen den ersten / zweiten / dritten Bus nehmen.

kwanza und **pili** werden aber nur verwendet, wenn sie allein stehen, also tatsächlich „erster" bzw. „zweiter" bedeuten. In zusammengesetzten Ordnungszahlen verwendet man die einfachen Zahlwörter.

mara ya kumi na moja / mbili
Mal von zehn und eins / zwei
das elfte / zwölfte Mal

mji mkubwa wa pili
Stadt-2 große von zweite
die zweitgrößte Stadt

Tafadhali unilete chakula cha namba tano katika menyu!
bitte du-sollst-mir-bringen Essen-3 von Nummer fünf auf Speisekarte
Bitte bringen Sie mir das fünfte Gericht auf der Speisekarte!

Tafadhali utulete chakula cha namba tano katika menyu!
bitte du-sollst-uns-bringen Essen-3 von Nummer fünf auf Speisekarte
Bitte bringen Sie uns das fünfte Gericht auf der Speisekarte!

Grundrechenarten

ongeza	plus
toa	minus
mara	mal
gawa kwa	geteilt durch
ni	ist (gleich)

Tatu mara tano ni kumi na tano.
drei mal fünf ist zehn und fünf
3 mal 5 ist 15.

Bruchzahlen

nusu	1/2
theluthi	1/3
robo	1/4
theluthi mbili	2/3
robo tatu	3/4

nusu und **robo** stehen immer vor dem Substantiv, auf das sie sich beziehen.

Ninapenda kununua nusu nanasi tu.
ich-möchte kaufen halbe Ananas-4 nur
Ich möchte nur eine halbe Ananas kaufen.

Zeit und Datum

Das 24-Stunden-System wird man in Ostafrika so gut wie nie vorfinden. Sogar im 12-Stunden-System wird im Allgemeinen anders gezählt als bei uns. Man steht bei Sonnenaufgang (6 Uhr) auf und zählt um 7 Uhr morgens die erste Stunde. Das heißt, man muss jeweils sechs Stunden addieren, um auf die bei uns übliche Zeitangabe zu kommen. Eine ähnliche Stundenzählung hat es übrigens vor der Erfindung der Uhr auch in Europa gegeben. In Ostafrika kommt die Lage am Äquator als begünstigender Faktor noch hinzu. Tage und Nächte sind ungefähr gleich lang, und auch über das Jahr ändert sich die Tageslänge praktisch nicht.

Uhrzeit

Saa ngapi?
Stunden wie-viele
Wie spät ist es?

Um die Uhrzeit anzugeben, stellt man dem Wort **saa** (Stunde) lediglich das betreffende Zahlwort nach. **saa** gehört der 5. Nominalklasse an. Da bei den Zahlen 1 bis 5 und 8 die N-Regel nicht greift, verändern sie sich nicht.

saa tatu asubuhi
Stunden drei Morgen
9 Uhr morgens

saa tano usiku
Stunden fünf Nacht
11 Uhr nachts

saa kumi na moja jioni
Stunden zehn und eins Abend
5 Uhr abends

saa kumi na mbili asubuhi
Stunden zehn und zwei Morgen
6 Uhr morgens

Genauere Zeitangaben kann man mit **nusu saa** (halbe Stunde), **robo saa** (Viertelstunde) und **dakika** (Minute) machen. Weiterhin sind die bereits bekannten Wörter **na** (und) und **kasoro** (weniger, minus) wichtig.

saa moja na nusu
Stunde eins und Hälfte
7 Uhr 30 (halb acht)

saa tano na robo
Stunden fünf und Viertel
11 Uhr 15 (viertel nach elf)

saa mbili na dakika ishirini
Stunden zwei und Minuten zwanzig
8 Uhr 20 (zwanzig nach acht)

saa kumi na moja kasorobo
Stunden zehn und eins weniger-Viertel
4 Uhr 45 (viertel vor fünf)

kasorobo ist aus **kasoro robo** zusammengezogen.

Wochentage und Monate

Alle Wochentage und Monate gehören der 5. Nominalklasse an. Die Woche beginnt mit dem Samstag.

Jumamosi	Samstag
Jumapili	Sonntag
Jumatatu	Montag
Jumanne	Dienstag
Jumatano	Mittwoch
Alhamisi	Donnerstag
Ijumaa	Freitag

Die Monatsnamen sind aus dem Englischen abgeleitet.

Januari	Januar
Februari	Februar
Machi	März
Aprili	April
Mei	Mai
Juni	Juni
Julai	Juli
Agosti	August
Septemba	September
Oktoba	Oktober
Novemba	November
Desemba	Dezember

Datum

Bei der Nennung des Datums steht zuerst das Wort **tarehe** (Datum), anschließend die Tageszahl, danach der Monatsname und die Jahreszahl.

Tutakuja tarehe nne Septemba.
wir-werden-kommen Datum vier September
Wir werden am 4. September kommen.

Amezaliwa tarehe kumi Januari katika mwaka elfu moja mia tisa hamsini na nane.
er-wurde-geboren Datum zehn Januar in Jahr tausend eins hundert neun fünfzig und acht
Er wurde am 10. Januar 1958 geboren.

Allgemeine Zeitangaben	
mchana [2]	Mittag, früher Nachmittag, mittags
siku	Tag (24 Stunden)
usiku	Nacht, nachts
asubuhi	Morgen, morgens
alasiri	Nachmittag, nachmittags
jioni	Abend, abends
wiki, juma [4]	Woche
mwezi [2]	Monat
mwaka [2]	Jahr
juzi	vorgestern
jana	gestern
leo	heute
kesho	morgen
kesho kutwa	übermorgen
juma lijalo *Woche-4 sie-kommt-welche*	nächste Woche
mwezi ujao *Monat-2 er-kommt-welcher*	nächsten Monat
mwaka kesho *Jahr-2 morgen*	nächstes Jahr
mara ijayo *Mal es-kommt-welches*	nächstes Mal
wiki iliyopita *Woche sie-welche-vorbeiging*	letzte Woche
mwezi uliopita *Monat-2 er-welcher-vorbeiging*	letzten Monat
mwaka uliopita *Jahr-2 es-welches-vorbeiging*	letztes Jahr
mara iliyopita *Mal es-welches-vorbeiging*	letztes Mal
sasa	jetzt
mara kwa mara *Mal mit Mal*	oft
mara nyingi *Male viele*	häufig

mara chache *Male wenig*	manchmal
halafu	danach, dann
kila siku *jeder Tag*	täglich
juzijuzi *vorgestern-vorgestern*	neulich

Die relativen Zeitangaben „nächster" und „letzter" sind im Kisuaheli Verben. Das Bildungsschema lautet:

„nächste / -r / -s …"		
Kennsilbe	Verbstamm	Relativsilbe
i-	**-ja-**	**-yo**
u-	**-ja-**	**-o**

„letzte / -r / -s …"			
Kennsilbe	Zeitsilbe	Relativsilbe	Verbstamm
i-	**-li-**	**-yo-**	**-pita**
u-	**-li-**	**-o-**	**-pita**

Kennsilbe und Relativsilbe richten sich wieder nach in Nominalklasse und grammatischer Zahl nach dem Substantiv, auf das sie sich beziehen.

wiki moja iliyopita
Woche eine sie-welche-vorbeiging
vor einer Woche

baada ya siku mbili
nach von Tagen zwei
nach zwei Tagen

muda wa saa tatu
Dauer-2 von Stunden drei
drei Stunden lang

Maße und Gewichte

In Ostafrika sind sowohl die Einheiten des metrischen Systems als auch die aus der Kolonialzeit überkommenen britischen Einheiten in Gebrauch. Amtlich ist allerdings in allen ostafrikanischen Staaten das metrische System, während die Verwendung der britischen Einheiten in der Bevölkerung allmählich zurückgeht. Die Debe ist eine traditionelle Volumeneinheit (Hohlmaß) und entspricht einem Großkanister. Sie sollten in der Alltagskonversation getrost auf die Ihnen vertrauten kontinentaleuropäischen Einheiten zurückgreifen.

milimeta	Millimeter
sentimeta	Zentimeter
inchi	Inch (2,50 cm)
futi	Fuß (30,48 cm)
yadi	Yard (91,44 cm)
meta	Meter
kilometa	Kilometer
gramu	Gramm
kilo	Kilogramm
lita	Liter
maili	Meile (1.609 m)
galoni	Gallone (4,5 l)
debe [4]	Debe (18 l)

Kilo moja ya ndizi ni shilingi ngapi?
Kilogramm eins von Bananen ist Schillinge wie-viele
Wie viel kostet ein Kilo Bananen?

Ninapenda kununua kilo tano za viazi.
ich-möchte kaufen Kilogramm fünf von Kartoffeln
Ich möchte fünf Kilo Kartoffeln.

Gramu mia moja za korosho ni shilingi ngapi?
Gramm hundert eins von Cashew-Nüsse sind Schillinge wie-viele
Wie viel kosten 100 g Cashew-Nüsse?

Chupa hii ina lita ngapi?
Flasche diese sie-hat Liter wie-viel
Wie viel Liter sind in dieser Flasche?

Zweisprachiges Hinweisschild in Kenia

Kisuaheli sprechen

Wörter, die weiterhelfen

Gibt es ... ?

Wenn Sie wissen möchten, was es im Restaurant zu essen gibt, oder ob ein Bus zur nächsten Stadt fährt, können Sie sich immer des Wörtchens **kuna** (es gibt) bedienen. Praktischerweise muss man dabei Singular und Plural nicht unterscheiden, denn **kuna** verändert sich nicht.

Kuna chakula?
es-gibt Essen-3
Gibt es etwas zu essen?

Kuna chai / kahawa?
es-gibt Tee / Kaffee
Gibt es Tee / Kaffee?

Kuna basi kwenda Nairobi / Mombasa?
es-gibt Bus-4 gehen Nairobi / Mombasa
Gibt es einen Bus nach Nairobi / Mombasa?

Die verneinte Form von **kuna** lautet **hakuna**.

Hakuna basi kwenda Moshi / Arusha.
nicht-es-gibt Bus-4 gehen Moshi / Arusha
Es gibt keinen Bus nach Moshi / Arusha.

ja / nein

Ndiyo.
Ja.

Hapana.
Nein.

Wenn Sie dann noch wissen wollen, wo der Bus abfährt, benutzen Sie am besten **wapi** (wo?) ohne irgendein Verb.

Wo ist ... ?

Wapi msalani?
wo Toilette-2-in
Wo ist die Toilette?

Wapi mgahawa?
wo Restaurant-2
Wo gibt es etwas zu essen?

Wapi mahali pa kulala?
wo Platz von schlafen
Wo ist eine Unterkunft?

In die vorhergehenden Sätze kann man z. B. auch folgende Wörter einsetzen:

duka la madawa *Geschäft-4 von Medizin-4*	Apotheke
daktari [4]	Arzt
benki	Bank (Geld)
stesheni ya treni *Bahnhof von Zug*	Bahnhof
kiwanja cha ndege *Grundstück-3 von Flugzeug*	Flugplatz
duka [4]	Geschäft (Laden)
hospitali	Krankenhaus
soko [4]	Markt
kituo cha polisi *Ort-3 von Polizei*	Polizeiwache
posta	Postamt
kituo cha petroli *Ort-3 von Benzin*	Tankstelle
gereji	Werkstatt

Weitere wichtige Fragen und Floskeln finden Sie auch in den Umschlagklappen.

Nichts verstanden?

Unafahamu Kiswahili?
du-verstehst Kisuaheli-3
Verstehen Sie Kisuaheli?

Kidogo tu.
ein-wenig nur
Nur ein bisschen.

Umesema nini?
du-hast-gesagt was
Wie bitte?

Sikukufahamu.
nicht-ich-habe-dich-verstanden
Ich habe Sie nicht verstanden.

Tafadhali sema polepole!
bitte sprich langsam
Sprechen Sie bitte langsam!

Tafadhali uniandikie hii hapa!
bitte du-sollst-mir-schreiben dies hier
Schreiben Sie mir dies bitte auf!

Ninajifunza Kiswahili.
ich-lerne Kisuaheli-3
Ich lerne Kisuaheli.

Kiswahili ni lugha ngumu.
Kisuaheli-3 ist Sprache schwer
Kisuaheli ist eine schwere Sprache.

Sifahamu Kiswahili.
nicht-ich-verstehe Kisuaheli-4
Ich verstehe kein Kisuaheli.

Sätze aus diesem Kapitel zum Anhören: siehe Seite 224

Tafadhali sema tena!
bitte sprich wieder
Bitte wiederholen Sie das!

Hii inaitwa nini?
dies es-wird-genannt was
Wie heißt das?

Unafahamu Kiingereza / Kifaransa / Kijerumani?
du-verstehst Englisch-3 / Französisch-3 / Deutsch-3
Verstehen Sie Englisch / Französisch / Deutsch?

Ninafahamu Kiingereza / Kifaransa / Kijerumani tu.
ich-verstehe Englisch-3 / Französisch-3 / Deutsch-3 nur
Ich verstehe nur Englisch / Französisch / Deutsch.

Kuna mtu hapa anayefahamu Kiingereza?
es-gibt Mensch-1 hier er-der-versteht Englisch-3
Gibt es hier jemanden, der Englisch versteht?

Kurz-Knigge

Obwohl Ostafrika im Laufe der Geschichte von verschiedenen Religionen und Konfessionen missioniert worden ist, wird man an vielen Stellen über die Religionsgrenzen hinweg noch immer auf recht einheitliche, traditionelle Moralvorstellungen treffen, die gemeinhin generalisierend als „typisch afrikanisch" empfunden werden. Auch wenn einem diese ungeschriebenen Gesetze vielleicht sehr konservativ erscheinen mögen, muss man sie als Gast unbedingt einhalten, um keinen Unmut auf sich zu ziehen. Da das Leben in den Großstädten dem in den europäischen Metropolen recht ähnlich ist, beziehen sich die folgenden Empfehlungen hauptsächlich auf die ländlichen Gebiete Ostafrikas.

Natürlich sollte man immer höflich sein, auch wenn es einem schwerfällt. Dazu gehört, dass man sich nicht über alles und jeden aufregen sollte, nur weil es „zu Hause" anders ist. Dies betrifft als Ärgernisse empfundene Umstände wie Unpünktlichkeit, ungewohntes Essen oder auch Defizite in der Sauberkeit. Mit unbeherrschtem Verhalten erreicht man in der Regel nur das Gegenteil.

Streit sollte man nur im äußersten Notfall anfangen, wenn man sich beispielsweise außergewöhnlich provoziert oder ungerecht behandelt fühlt.

Das Tragen „ordentlicher" Kleidung sollte selbstverständlich sein. Insbesondere sollten Frauen Kleidung vermeiden, die als aufreizend oder gar provokativ empfunden werden könnte. Am besten kommt man als Frau in Ostafrika zurecht, wenn Oberkörper und Schultern vollständig bedeckt sind. Shorts haben sich inzwischen allerdings für beide Geschlechter durchgesetzt. Männer sollten nicht mit nacktem Oberkörper in der Öffentlichkeit herumlaufen. Wenn man einen Afrikaner in zerschlissener Kleidung sieht, dann ist das nicht irgendeiner Mode geschuldet, sondern einzig und allein der Armut dieses Menschen.

Nackt baden ist in Ostafrika absolut tabu, und schon gar nicht, wenn Einheimische in der Gegend sind.

Wenn man bei Einheimischen eingeladen ist, gibt es häufig etwas zu essen und zu trinken. Auch wenn man satt ist oder einem das Essen nicht zusagt, sollte man der Höflichkeit wegen etwas essen. Ansonsten fühlt sich der Gastgeber in seiner Gastfreundschaft nicht gewürdigt.

Es kann in bestimmten Gegenden vorkommen, dass Gäste (auch weibliche Gäste und Kinder) zusammen mit dem Familienoberhaupt speisen, während Hausfrau und Kinder des Gastgebers ihre Mahlzeit in der Küche auf dem Fußboden einnehmen. Dies kann auf den Gast irritierend wirken, sollte aber nicht weiter kommentiert werden.

In Ostafrika ist die Kriminalität insbesondere in den Städten stark angestiegen. Alle Wertsachen wie Kamera, Geldbeutel, Dokumente usw. sollte man unter der Kleidung verbergen. Besonders auf Busbahnhöfen und Märkten ist Wachsamkeit geboten.

Fotografieren von Menschen ohne vorherige Erlaubnis ist wie überall unhöflich. Bei manchen ethnischen Gruppen Ostafrikas kommt noch immer die Meinung vor, dass Fotografierende mittels ihrer Bilder Macht über die Seele der Fotografierten bekommen.

In Ostafrika hat man einen etwas anderen Zeitbegriff, als Sie ihn in Mitteleuropa kennen. Unpünktlichkeit ist nicht ehrenrührig, und demonstrative Überpünktlichkeit könnte die Einheimischen sogar in peinliche Situationen bringen.

In den Gebieten mit vorwiegend muslimischer Bevölkerung (Küstenregion und insbesondere Sansibar) gelten in Bezug auf z. B. Kleidung und Alkoholkonsum die üblichen islamischen Verhaltensregeln. Im Landesinneren werden diese lockerer gehandhabt.

Namen

In Tansania haben die Einheimischen meist sehr viele Namen, doch werden sie oft nur mit zwei Namen benannt. Die Namensgebung unterliegt den Gebräuchen der verschiedenen Stämme, und davon gibt es ja zur Genüge. Da man ein ganzes Buch nur über die Namen schreiben könnte, möchte ich hier nur ein paar Beispiele anführen, um einen kleinen Eindruck von der Vielfältigkeit zu vermitteln.

Erstens der Vorname: Das kann der christliche Tauf-, der islamische oder der traditionelle Hauptname sein. In der traditionellen Gesellschaft ändern sich übrigens die Namen im Laufe des Lebens mit dem Erreichen einer neuen Altersstufe. Bei einigen Stämmen darf dieser Name nur vom Älteren zum Jüngeren oder innerhalb der Altersklasse gebraucht werden. Bei den Christen werden viele ausländische Namen verwendet, doch ist diese Tendenz nun wieder rückläufig.

Zweitens der Nachname: Dies ist der Vorname des Vaters oder des Ehegatten. Ein Junge und auch ein verheirateter Mann heißt z. B. **Rashidi Amiri**, ein Mädchen **Mwajabu Amiri**. **Amiri** ist dabei jeweils der Vorname des Vaters. Wenn das Mädchen heiratet, hieße sie z. B. **Mwajabu Muhamedi**, weil sie nun als Nachnamen den Vornamen ihres Mannes (**Muhamedi**) erhält.

Mütter und Väter werden aber oft auch nach dem Namen eines ihrer Kinder genannt. So könnte man z. B. die Mutter von **Rashidi** und **Mwajabu** nennen: **Mama Rashidi** (Mutter von **Rashidi**) oder **Mama Mwajabu** (Mutter von **Mwajabu**), den Vater würde man dementsprechend **Baba Rashidi** oder **Baba Mwajabu** rufen.

Zu diesen zwei Namen kommt in den meisten Stämmen noch der Sippenname. Das wird bei den Stämmen oft ganz unterschiedlich gehandhabt. Bei den Meru lauten die männlichen Sippennamen z. B. **Mbise**, **Akyoo**, **Kaaya** usw. Bei Frauen wird vor die Sippennamen noch die Silbe **Ma-** gesetzt. So heißen die Frauen dann z. B. **Mambise**, **Makyoo** und **Makaaya**. Es ist dort sogar üblich, dass Frauen und Mädchen oft nur mit diesen Sippennamen genannt werden.

Bei den Meru gibt es noch eine weitere Besonderheit. Dies ist der geerbte Name oder Ehrenname (**irina lyaitikiswa**): Jedes Kind erbt einen Namen von einem Vorfahren (und wird auch oft so genannt). Der erste Sohn wird nach dem vom Großvater väterlicherseits geerbten Namen genannt. Hieß der Großvater **Soori**, so wird auch sein erster Enkel **Soori** genannt werden. Für die erste Tochter gilt analog, dass sie nach dem Namen der Großmutter mütterlicherseits genannt wird. Auch hier wird dem weiblichen Namen immer die Silbe **Ma-** oder auch **Nga-** vorangestellt, z. B. **Ngakisali**, **Ngasoori**, **Murasa**, während der Junge **Kisali**, **Soori** oder **Urasa** hieße.

Bei den Menschen in Mittel- und Ostchagga (Old-Moshi, Marangu bis nach Mwika) haben die Frauen oft andere Sippennamen als die Männer und vererben sie an ihre Töchter weiter.

Jeder weibliche Sippenname wird dabei eindeutig einer männlichen Sippe zugeordnet. So heißen z. B. Frauen aus dem **Mlay**-Clan (männlicher Sippenname) **Makitote** oder auch **Maunge,** je nach Herkunft der Familie.

Anrede

Im Kisuaheli gibt es keinen Unterschied zwischen „Du" und „Sie", also zwischen einer vertraulichen und einer explizit höflichen Anredeform. Praktisch alle Beispielsätze in diesem Buch können daher sowohl mit „Du" als auch mit „Sie" übersetzt werden. In der deutschen Übersetzung steht allerdings nur das höfliche „Sie".

Eine respektvolle Begrüßung kann man mit der Redewendung **shikamoo** zum Ausdruck bringen. Diese Floskel wird älteren Männern und Respektspersonen gegenüber benutzt, stellt aber keine Anredeform im eigentlichen Sinne dar. Folgende Anredeformen sind üblich:

mzee [1] *Alter*	für sehr alte Männer
bwana [4] *Herr*	für ältere Männer
bibi [4] *Dame*	für ältere Frauen
ndugu *Bruder*	für Gleichaltrige männlichen Geschlechts
dada *Schwester*	für Gleichaltrige weiblichen Geschlechts
rafiki *Freund*	für Gleichaltrige
mtoto [1] *Kind,* **watoto** [1] *Kinder*	für Kinder
kijana [3] *Junge*	für Jungen
msichana [1] *Mädchen*	für Mädchen

Als Tourist wird man in der Regel von Einheimischen ebenso angesprochen, es gibt keine spezielle Anrede. Es ist allerdings möglich, dass man auch mal **mzungu** gerufen wird, d. h. „Europäer" oder „Weißer".

Wenn man jemanden näher kennt und weiß, dass er bzw. sie Familie und Kinder hat, kann man ihn bzw. sie auch mit **baba** (Vater) bzw. **mama** (Mutter) anreden.

Im Flugzeug und bei offiziellen Anlässen wird man folgende Anrede hören:

Mabibi na Mabwana ...
Damen-4 und Herren-4 ...
Sehr geehrte Damen und Herren ...

Begrüßen und Verabschieden

Begrüßung

Die Begrüßung spielt im menschlichen Miteinander eine wichtige Rolle. Es gilt als unhöflich, ohne eine ausgiebige Begrüßung, die schon einem Zeremoniell gleicht, direkt zur Sache zu kommen. Auch als Tourist sollte man sich genügend Begrüßungsfloskeln zurechtlegen, die man bei Bedarf – auch wenn man nur nach dem Weg fragt – anwenden kann.

Die Begrüßung gleicht einem festen Frage- und Antwortspiel, in denen persönliche Befindlichkeiten nichts zu suchen haben: Auf die Frage, wie es einem geht, antwortet man deshalb besser immer mit „gut", auch wenn das nicht der Wahrheit entspricht.

Die Begrüßung kann mit verschiedenen Anreden und Fragen (sowie den entsprechenden Antworten) beginnen. Da die Begrüßungsfloskeln sehr formelhaft sind, verzichte ich teilweise auf die Wort-für-Wort-Übersetzung.

Zu einer einzelnen gleichgestellten Person:

Hujambo?
Wie geht es Ihnen?

Sijambo.
Mir geht es gut.

Zu mehreren gleichgestellten Personen:

Hamjambo?
Wie geht es Ihnen? (pl.)

Hatujambo.
Uns geht es gut.

Zu einer höhergestellten oder älteren Person:

Shikamoo!
Guten Tag! (Anrede)

Marahaba!
Guten Tag! (Antwort)

Die begrüßende Anrede **shikamoo** wird auch oft von Kindern gegenüber Touristen benutzt. Sollten Sie einmal so angesprochen werden, denken Sie an die entsprechende Antwort!

In der Küstenregion und auf Sansibar, mehr und mehr aber auch in anderen Teilen Ostafrikas, sagt man als allgemeine Grußformel:

Salama!
Guten Tag!

Anschließend folgen dann verschiedene Fragen, in denen am häufigsten das Wort **habari** (Nachricht) benutzt wird.

Habari gani?
Nachrichten welche
Was gibt es Neues?

Habari za nyumbani?
Nachrichten von Haus-in
Was gibt es Neues zu Hause?

Sätze aus diesem Kapitel zum Anhören: siehe Seite 224

Habari yako?
Nachricht deine
Was gibt's Neues von Ihnen?

Habari za watoto?
Nachrichten von Kinder-1
Wie geht es den Kindern?

Umeshindaje?
du-hast-Zeit-verbracht-sag-mal
Wie haben Sie den Tag verbracht?

Habari za kazi?
Nachrichten von Arbeit
Was macht die Arbeit?

Habari za leo?
Nachrichten von heute
Was gibt's heute Neues?

In die Begrüßungsfloskeln kann man auch die entsprechenden Anreden miteinfließen lassen:

Habari gani, ndugu?
Nachrichten welche Bruder
Was gibt's Neues, mein Freund?

Habari zako, mama?
Nachrichten deine Mutter
Was gibt's Neues, Frau?

Diese Fragen können folgendermaßen beantwortet werden, wobei oft noch **tu** (nur) dazugesetzt wird:

Nzuri sana.
gut sehr
Sehr gut.

Nzuri. / Njema.
Gut.

Salama. / Safi tu.
friedlich / gut nur
Gut.

Nzuri kidogo tu.
gut ein-wenig nur
Nicht so gut.

Die letzte Antwort gibt man nur, wenn es einem wirklich sehr schlecht geht!

Auch das Wörtchen **jambo** (Angelegenheit) wird oft für die Begrüßung verwendet, jedoch nur in feststehenden Formen (jeweils mit einer ebenso feststehenden Antwortform). Die Floskelpaare **Hujambo? – Sijambo** und **Hamjambo? – Hatujambo** kennen Sie ja bereits. Hinzu kommt noch:

Hajambo?
Wie geht es ihm / ihr?

Hajambo.
Ihm / Ihr geht es gut.

Hawajambo?
Wie geht es ihnen? (pl.)

Hawajambo.
Ihnen geht es gut.

Hajambo rafiki yako?
wie-geht's Freund dein
Wie geht es Ihrem Freund?

Auf Sansibar und vermehrt auch auf dem Festland hört man hauptsächlich von jüngeren Leuten:

Mambo vipi?
Wie geht's?

Mambo poa, fresh! / Sawasawa.
Gesund, alles gut!

Sich verabschieden

Beim Verabschieden hat man zum Glück nicht so viele Möglichkeiten, wie bei der Begrüßung. Aber man bekommt bestimmt noch einige Wünsche mit auf den Weg.

Wenn man sich als Gast verabschiedet:

Nataka kuondoka sasa.
ich-will aufbrechen jetzt
Ich möchte jetzt gehen.

Twende!
Lasst uns gehen!

Die Zurückbleibenden wünschen dann dem aufbrechenden Gast alles Gute:

Kwa heri! / Kwa herini!
mit Glück
Auf Wiedersehen! (zu einer Person / mehreren Personen)

Kwa heri ya kuonana.
mit Glück von Wiedersehen-8
Auf Wiedersehen und bis bald.

Tafadhali wasalimie rafiki!
bitte du-sollst-grüßen Freunde
Grüßen Sie bitte die Freunde!

Tutaonana kesho!
wir-werden-uns-wiedersehen morgen
Bis morgen!

Safari njema!
Reise gut
Gute Reise!

Rudini nyumbani salama!
zurückkehrt Haus-in friedlich
Kommt / Kommen Sie gut nach Hause!

Bitten, Danken, Wünschen

Bitten

Karibu! / Karibuni!
Bitte sehr! (als Angebot, zu einer Person / mehreren Personen)

Tafadhali ...
Bitte ... (wenn man um etwas bittet)

Tafadhali uniambie ... !
bitte du-sollst-mir-mitteilen ...
Sagen Sie mir bitte, ... ! (als Satzeinleitung)

Tafadhali unionyeshe ... !
bitte du-sollst-mir-zeigen ...
Zeigen Sie mir bitte ... !

Tafadhali unilete chai, bwana!
bitte du-sollst-mir-bringen Tee Herr
Bitte bringen Sie mir einen Tee, mein Herr!

Naomba kulipa!
ich-bitte zahlen
Die Rechnung bitte!

Sätze aus diesem Kapitel zum Anhören: siehe Seite 224

Tafadhali ukae!
bitte du-sollst-sitzen
Bitte setzen Sie sich!

Maduka yako wapi, tafadhali?
Läden-4 sie-irgendwo wo bitte
Wo sind bitte die Geschäfte?

Danken

Ahsante!
Danke!

Ahsante sana!
Vielen Dank!

Nakushukuru sana / sana sana!
ich-dir-danke sehr / sehr sehr
Ich danke vielmals. / Tausend Dank!

Si kitu!
es-ist-nicht Ding-3
Keine Ursache!

Sawasawa!
ausgeglichen
Okay, kein Problem!

(Antworten auf „danke“)

Sich entschuldigen

Samehe / Samahani tafadhali!
Entschuldigen Sie bitte! (zu einer Person / mehreren Personen)

Ninasikitika sana.
ich-bin-traurig sehr
Es tut mir sehr leid.

Tafadhali unisamehe!
bitte du-sollst-mir-verzeihen
Verzeihen Sie mir bitte!

Hamna shida / matata / maneno.
es-gibt-nicht Probleme / Schwierigkeiten / Worte
Macht nichts.

Die folgende Floskel wird oft benutzt, wenn man Mitgefühl ausdrücken will, z. B. dass der andere schwer gearbeitet, einen anstrengenden Tag oder eine mühsame Reise hinter sich hat.

Pole / Poleni sana!
verzeih / verzeiht sehr
Es tut mir leid für Sie!
(zu einer Person / mehreren Personen)

Wünschen

Mungu akubariki!
Gott-2 er-dich-soll-segnen
Gott sei mit Ihnen!

Lala / Laleni salama!
schlaf / schlaft friedlich
Schlafen Sie gut! (zu einer Person / mehreren Personen)

Sonstiges

Ngoja kidogo!
warte ein-bisschen
Einen Moment!

Unataka nini?
du-willst was
Was wollen Sie?

Hii ni nini?
dies ist was
Was ist das?

Kuna nini sasa?
es-gibt was jetzt
Was ist los?

Si kitu!
ist-nicht Ding
Nichts!

Sijui.
nicht-ich-weiß
Ich weiß nicht.

Hii ni nzuri sana.
dies ist gut sehr
Das ist sehr gut.

Ninakubali.
ich-stimme-zu
Ich bin dafür.

Sikubali.
nicht-ich-stimme-zu
Ich bin dagegen.

Das erste Gespräch

Zu Beginn eines jeden Gespräches werden erst einmal die Begrüßungsfloskeln ausgetauscht.

Hujambo, bwana?
Wie geht's, Herr?

Sijambo.
Mir geht's gut.

Habari zako?
Nachrichten deine
Wie geht es Ihnen?

Nzuri tu.
gut nur
Gut.

Habari za leo?
Nachrichten von heute
Was gibt es heute Neues?

Salama tu.
friedlich nur
Nur Gutes.

Habari za safari?
Nachrichten von Reise
Was macht die Reise?

Njema.
gut
Sie geht voran.

Je, umetoka wapi?
sag-mal du-bist-hergekommen wo
Woher kommen Sie eigentlich?

Mimi nimetoka ...
ich ich-bin-hergekommen ...
Ich komme aus ...

Ujerumani	*Deutschland-6*	Deutschland
Austria	*Österreich*	Österreich
Uswisi	*Schweiz-6*	der Schweiz
Uholanzi	*Niederlande-6*	den Niederlanden

Na leo je?
und heute sag-mal
Und heute?

Leo nilikuja kwa basi toka Arusha.
heute ich-kam mit Bus-4 aus Arusha
Heute bin ich mit dem Bus aus Arusha gekommen.

Ilikuwa safari ndefu, siyo?
es-war Reise lange nicht-wahr
Es war eine lange Fahrt, nicht wahr?

Ndiyo.
Ja.

Tulikwenda kwa saa kumi na moja.
wir-fuhren für Stunden zehn und eins
Wir sind elf Stunden lang gefahren.

Je, unaitwa nani?
sag-mal du-wirst-genannt wer
Wie heißen Sie?

Jina langu ni Christoph.
Name-4 mein ist Christoph
Mein Name ist Christoph.

Na wewe je?
und du sag-mal
Und Ihrer?

Mimi ninaitwa Mose.
ich ich-werde-genannt Moses
Ich heiße Moses.

Unafanya safari peke yako?
du-machst Reise allein dein
Machen Sie die Reise alleine?

Hapana.
Nein.

Rafiki yangu bado yuko Arusha.
Freund mein noch er-irgendwo Arusha
Mein Freund ist noch in Arusha.

Unataka kwenda wapi baada ya kuondoka hapa?
du-willst gehen wohin nach von Abfahren-8 hier
Wohin wollen Sie fahren, wenn Sie den Ort hier verlassen?

Ninataka kwenda Lake Manyara.
ich-will gehen See Manyara
Ich will zum Manyara-See fahren.

Strenggenommen sollte es **Ziwa Manyara** (See Manyara) heißen, aber umgangssprachlich wird immer die englische Benennung gebraucht.

Je, unakaa hapa?
sag-mal du-wohnst hier
Wohnen Sie hier?

Ndiyo, hii ni nyumba yangu.
ja dies ist Haus mein
Ja, dies ist mein Haus.

Je, unajua mahali pa kulala karibu na hapa?
sag-mal, du-kennst Platz-7 von Schlafen-8 in-der-Nähe bei hier
Kennen Sie eine Unterkunft hier in der Nähe?

Kuna hoteli ndogo kijijini.
es-gibt Hotel kleines Dorf-in
Es gibt ein kleines Hotel im Dorf.

Unaweza kunionyesha njia ya hoteli?
du-kannst mir-zeigen Weg von Hotel
Können Sie mir den Weg zum Hotel zeigen?

Ndiyo, nitakupeleka hotelini.
ja ich-werde-dich-bringen Hotel-in
Ja, ich werde Sie zum Hotel bringen.

Ahsante sana!
danke sehr
Vielen Dank!

Zu Gast sein

Sich gegenseitig zu besuchen ist ein wichtiger Aspekt im sozialen Alltag. Die freundschaftlichen Beziehungen zu pflegen, bedeutet auch, sich gegenseitig Anerkennung und Respekt zu zollen. Falls Ihr Gastgeber Sie während Ihres Besuchs mal für eine Weile allein lässt oder zeitgleich mit etwas anderem beschäftigt ist, denken Sie sich nichts dabei. Dies wird hier nicht als unangemessen empfunden. Üben Sie sich stattdessen in landesüblicher Gelassenheit! Wenn man jemanden besucht, ruft man vor der Haustür – anstatt anzuklopfen – ein lautes **hodi** (dafür gibt es keine wörtliche Übersetzung). Man wird dann von drinnen ein **karibu** (willkommen) vernehmen und darf eintreten.

Utanitembelea lini?
du-wirst-mich-besuchen wann
Wann kommen Sie mich mal besuchen?

Nitakuja kesho jioni.
ich-werde-kommen morgen Abend
Ich komme morgen Abend mal vorbei.

Hodi.
Darf ich eintreten?

Karibu ndani!
willkommen drinnen
Treten Sie ein! /
Herzlich willkommen!

Karibu chai / chakula!
willkommen Tee / Essen
Greifen Sie bitte zu!

Hii ni zawadi kwa ninyi wote.
dies ist Geschenk für euch alle
Hier ist ein Geschenk für Sie alle.

Kleine Gastgeschenke wie z. B. ausgefallene Kugelschreiber, T-Shirts oder kleine (Mode-)Schmuckstücke sind immer passend. Zigaretten und Feuerzeuge kann man mitbringen, sofern man weiß, dass der Gastgeber raucht. Originell sind auch Postkarten oder kleine Poster aus der Heimat.

In Ostafrika spielt die Großfamilie eine wichtige Rolle. Wenn man zu einer Familie nach Hause eingeladen wird, wird man oft irgendwelche Verwandten vorfinden, die sich gerade dort aufhalten.

Huyu ni baba yangu / mama yangu.
dies ist Vater mein / Mutter mein
Das ist mein Vater / meine Mutter.

Huyu ni ... wangu / ... yangu / ... zangu.
dies ist ...-1 mein / ...-5 mein / ...(pl.)-5 mein
Das ist mein / meine ...

An den Ziffern in der Wort-für-Wort-Zeile können Sie ablesen, welche Form des Possessivpronomens („mein") jeweils ergänzt werden muss.

Einige Verwandschaftsbezeichnungen werden ergänzt durch **wa kiume** (von männlich) bzw. **wa kike** (von weiblich) sowie durch **-kubwa** (groß) bzw. **-dogo** (klein).

Bitte beachten Sie in der nachfolgenden Liste der Verwandtschaftsbezeichnungen, dass nicht gekennzeichnete Substantive der 5. Nominalklasse angehören. In zusammengesetzten Verwandtschaftsbezeichnungen steht das Possessivpronomen nach dessen erstem Wort, z. B. **mtoto wangu wa kiume** (mein Sohn).

Verwandtschaftsbezeichnungen

Die Verwandtschaftsbezeichnungen gehören nicht alle der 1. Nominalklasse an. Sie werden allerdings syntaktisch wie alle Bezeichnungen von Lebewesen bei der Beugung von Adjektiven und Kennsilben wie Substantive der 1. Nominalklasse behandelt.

mke [1]	Ehefrau
mume [1, pl.: **waume**]	Ehemann
mama	Mutter
baba	Vater
wazazi [1, pl.]	Eltern
bibi [4]	Großmutter
babu	Großvater
mtoto [1]	Kind
mtoto [1] **wa kike**	Tochter
mtoto [1] **wa kiume**	Sohn
shangazi	Tante (väterlicherseits)
mama mkubwa	Tante (mütterlicherseits, älter)
mama mdogo	Tante (mütterlicherseits, jünger)
mjomba [1]	Onkel (mütterlicherseits)
baba mkubwa	Onkel (väterlicherseits, älter)
baba mdogo	Onkel (väterlicherseits, jünger)
ndugu [pl.]	Geschwister
dada mdogo	kleine Schwester
dada mkubwa	große Schwester
kaka mdogo	kleiner Bruder
kaka mkubwa	großer Bruder
shemeji	Schwager
wifi [4]	Schwägerin

mkwe [1]	Schwiegersohn, Schwiegertochter; Schwiegervater, Schwiegermutter
wakwe [1, pl.]	Schwiegereltern
mpwa [1] **wa kike**	Nichte
mpwa [1] **wa kiume**	Neffe
mjukuu [1] **wa kike**	Enkelin
mjukuu [1] **wa kiume**	Enkel

Na huyu ni nani?
und dies ist wer
Und wer ist das?

Die Unterhaltung beginnt normalerweise mit Erkundigungen nach Ihrer Familie und Ihren Kindern. Wenn man keine Kinder hat, aber verheiratet ist, dann dichtet man sich am besten welche an. Sonst wird man mit einer längeren Diskussion rechnen müssen!

Una watoto wangapi?
du-hast Kinder-1 wie-viele
Wie viele Kinder haben Sie?

Nina watoto wawili.
ich-habe Kinder-1 zwei
Ich habe zwei Kinder.

Nina mtoto mmoja tu.
ich-habe Kind-1 eins nur
Ich habe nur ein Kind.

Mtoto yule ni wa kiume au wa kike?
Kind-1 jenes ist von männlich oder von weiblich
Ist das ein Junge oder ein Mädchen?

Ni mtoto wa kiume / mtoto wa kike.
es-ist Kind-1 von männlich / Kind-1 von weiblich
Es ist ein Junge / Mädchen.

Ndugu zako wanafanya nini?
Geschwister deine sie-machen was
Was machen Ihre Geschwister?

Früher oder später kommen Fragen nach Ihrem Partner. Sie sollten sich schon vorher ein paar Antworten zurechtlegen, denn Sie könnten – speziell bei der älteren Bevölkerung – auf Unverständnis stoßen, wenn Sie von einem Freund bzw. einer Freundin erzählen, aber nicht vorhaben zu heiraten.

Umeoa? *(fragt man einen Mann)*
du-hast-geheiratet
Sind Sie verheiratet?

Umeolewa? *(fragt man eine Frau)*
du-bist-geheiratet-worden
Sind Sie verheiratet?

Kwa nini hutaki kuoa? *(zu Mann und Frau)*
für was nicht-du-willst heiraten
Warum wollen Sie nicht heiraten?

Ninapenda kumaliza mafunzo / masomo yangu kabla ya kuoa.
ich-möchte beenden Ausbildung-4 / Studium-4 mein vor von Heiraten-8
Ich möchte vor der Heirat meine Ausbildung / mein Studium beenden.

Berufe

Bei den Berufsbezeichnungen unterscheidet man keine weibliche und männliche Formen.

Unafanya kazi gani?
du-machst Arbeit welche
Was sind Sie von Beruf?

Mimi ni ...
Ich bin ...

mtumishi [1]	Angestellter
mfanya [1] **kazi**	Arbeiter
mfanya [1] **biashara**	Geschäftsmann
daktari [4]	Arzt
mwokaji [1]	Bäcker
mkulima [1]	Bauer
karani	Büroangestellter
mkalimani [1]	Dolmetscher
mpiga [1] **picha**	Fotograf
mchongaji [1] **wa vinyago**	Holzschnitzer
mwandishi [1] **wa gazeti**	Journalist
mpishi [1]	Koch
mwalimu [1]	Lehrer/in
fundi [4]	Handwerker
fundi [4] **wa gari**	Automechaniker
fundi [4] **wa saa**	Uhrmacher
fundi [4] **wa umeme**	Elektromechaniker
fundi [4] **viatu**	Schuster

mchungaji [1]	Pfarrer, Pastor
mwanasheria [1]	Rechtsanwalt
kondakta [4]	Schaffner
mhunzi [1]	Schmied
mshonaji [1] **nguo**	Schneider
mwanafunzi [1]	Schüler, Student
dereva [4] **wa teksi**	Taxifahrer
dereva [4] **wa lori**	Lastwagenfahrer
seremala [4]	Zimmermann

Mimi ni mtumishi wa serikali.
ich bin Angestellter-1 von Regierung
Ich bin ein Angestellter der Regierung.

Unafanya kazi hapa?
du-machst Arbeit hier
Sind Sie geschäftlich hier?

Hapana, mimi ni msafiri tu.
nein, ich bin Tourist-1 nur
Nein, ich bin ein Tourist.

Umefika lini Tanzania?
du-bist-angekommen wann Tansania
Seit wann sind Sie in Tansania?

Wiki mbili zilizopita.
Wochen zwei sie-sind-welche-vergangen
Seit zwei Wochen.

Unabaki hapa kwa muda gani?
du-bleibst hier für Dauer-2 welche
Bleiben Sie noch eine Weile hier?

Utaondoka lini?
du-wirst-abfahren wann
Wann reisen Sie wieder ab?

Nitaondoka baada ya juma moja.
ich-werde-abfahren nach Woche-4 eine
Ich reise in einer Woche ab.

Tanzania / Kenya / Uganda inakupendeza?
Tansania / Kenia / Uganda es-dir-gefällt
Gefällt es Ihnen in Tansania / Kenia / Uganda?

Tanzania ni nchi nzuri sana.
Tansania ist Land schön sehr
Tansania ist sehr schön.

Inanipendeza / Inatupendeza vizuri sana hapa.
es-mir-gefällt / es-uns-gefällt gut sehr hier
Es gefällt mir / uns hier sehr gut.

Unafahamu Kiswahili vizuri sana.
du-verstehst Kisuaheli-3 gut sehr
Sie sprechen sehr gut Kisuaheli.

Siyo vizuri sana, ni kidogo tu.
nicht-es-ist gut sehr es-ist klein nur
Oh nein, nur ein bisschen.

Ninajifunza bado.
ich-lerne noch
Ich lerne noch.

Unterwegs

Auf dem Land kann man eigentlich ohne weiteres auch als Frau allein reisen. In der Stadt ist es allerdings nicht unbedingt empfehlenswert, nach Dunkelheit allein durch die Straßen zu ziehen. Dies gilt jedoch ebenso für Männer. Sollte man als Frau tatsächlich einmal belästigt werden, kann man unliebsame Begleiter mit folgenden Sätzen abschütteln:

Ningeweza kuwa dada yako! *(zu Gleichaltrigen)*
ich-könnte sein Schwester deine
Ich könnte Ihre / deine Schwester sein!

Ningekuwa mama yako! *(zu Jüngeren)*
ich-könnte-sein Mutter deine
Ich könnte Ihre / deine Mutter sein!

Zu Fuß

Ninatafuta ...
Ich suche ...

Soko liko wapi?
Markt er-irgendwo wo
Wo ist der Markt?

msikiti [2]	Moschee
kanisa [4]	Kirche
ukumbi [6] **wa maigizo** [4, pl.] *Saal von Theaterstücke*	Theatersaal
sinema	Kino
baa	Kneipe
njia	Weg
barabara	Straße

mahali [7]	Platz
soko [4]	Markt
mgahawa [2], **hoteli**	Restaurant
hoteli ya kulala *Hotel von Schlafen-8*	Hotel
kituo cha mabasi *Ort-3 von Busse-4*	Busbahnhof
stesheni ya treni	Bahnhof
hospitali	Krankenhaus
kituo cha polisi *Ort-3 von Polizei*	Polizeistation
uwanja [6] **wa michezo** [2, pl.] *Platz von Sport*	Sportplatz

Inawezekana kwenda kwa miguu?
es-ist-möglich gehen mit Füße-2
Kann man zu Fuß gehen?

Ni mbali mpaka kule?
es-ist weit bis dort
Ist es weit bis dorthin?

Hapana, si mbali sana.
nein nicht-es-ist weit sehr
Nein, es ist nicht sehr weit.

Ndiyo, iko nje ya mji.
ja es-irgendwo außerhalb von Stadt-2
Ja, es liegt außerhalb der Stadt.

Nenda moja kwa moja / kushoto / kulia!
geh eins für eins / linke-Seite / rechte-Seite
Gehen Sie geradeaus / nach links / nach rechts!

Tafadhali unionyeshe katika ramani!
bitte du-sollst-mir-zeigen in Landkarte
Können Sie mir das bitte auf der Karte zeigen?

Richtungshinweise

kaskazini	Norden
mashariki	Osten
kusini	Süden
magharibi	Westen
moja kwa moja	geradeaus, direkt
kushoto	links
kulia	rechts
nyuma	zurück, hinten
juu	oben
chini	unten
mbele	vorne
katikati	inmitten, zentral
hapahapa	hier, hierher
mbali	weit, fern
karibu	nahe
nje	draußen
ndani	drinnen

Mit dem Taxi

In den größeren Städten findet man Taxis. Diese sind auch von außen als solche gekennzeichnet. Man kann sie auf der Straße anhalten, aber es ist immer ratsam, sich von der Hotelrezeption ein Unternehmen empfehlen bzw. ein Taxi rufen zu lassen. Man sollte den Preis vorher aushandeln und sich auch vom Fahrer bestätigen lassen, dass er das Ziel genau kennt. Trinkgelder sind bei Taxifahrten nicht üblich.

Tafadhali unipeleke kwa Serena Hotel.
bitte du-sollst-mich-bringen zu Serena Hotel
Bringen Sie mich bitte zum Serena Hotel!

Kwenda hoteli / kiwanja cha ndege ni kiasi gani?
gehen Hotel / Platz-3 von Flugzeug ist Betrag welcher
Wie viel kostet es bis zum Hotel / Flughafen?

Nina haraka sana.
ich-habe Eile sehr
Ich habe es sehr eilig.

Simama hapa tafadhali!
anhalt hier bitte
Halten Sie bitte hier an!

Ninataka kuteremka hapahapa tu.
ich-will aussteigen hier nur
Ich möchte hier aussteigen.

Mit der Bahn

Nachdem das Straßennetz ausgebaut wurde, hat der Zugverkehr mit Ausnahme der neuen Schnellzugstrecke Nairobi – Mombasa an Bedeutung verloren. Er stellt die billigste, aber auch langsamste Transportart dar und ist immer wieder von Verspätungen geplagt. Die Hauptstrecken werden mehrmals in der Woche befahren. Wenn man in der ersten oder zweiten Klasse sowie im Schlaf- oder Liegewagen fahren will, muss man sich oft schon sehr frühzeitig eine Fahrkarte besorgen. Für die dritte Klasse bekommt man die Fahrkarte im Allgemeinen auch noch am Tag der Reise.

treni	Zug
gari la moshi *Wagen-4 von Rauch*	Eisenbahn
stesheni ya treni *Bahnhof von Zug*	Bahnhof
kuingia [8]	Eingang
kutoka [8]	Ausgang
kuondoka [8]	Abfahrt
kufika [8]	Ankunft
tiketi	Fahrkarte
nauli	Fahrpreis
daraja [4]	Klasse
behewa [4]	Wagen
ratiba ya saa *Plan von Stunden*	Fahrplan
abiria	Fahrgast

Ninataka kununua tiketi moja toka Nairobi mpaka Mombasa.
ich-will kaufen Fahrkarte eine von Nairobi bis Mombasa
Ich möchte eine Fahrkarte von Nairobi nach Mombasa kaufen.

Katika daraja gani?
in Klasse-4 welcher
In welcher Klasse?

Daraja la tatu tafadhali.
Klasse-4 von drei bitte
Dritte Klasse, bitte.

Hakuna nafasi leo katika daraja la tatu, ...
nicht-es-gibt Raum heute in Klasse-4 von drei
Die dritte Klasse ist heute voll, ...

... lakini unaweza kwenda daraja la pili.
... aber du-kannst gehen Klasse-4 von zweite
... aber Sie können in der zweiten fahren.

Ni kiasi gani?
es-ist Betrag welcher
Wie viel kostet das?

Ni shilingi elfu tano.
es-sind Schillinge tausend fünf
Es kostet 5000 Schilling.

Ninachukua tiketi hii.
ich-nehme Fahrkarte diese
Ich nehme diese Fahrkarte.

Unajua, behewa la daraja la pili liko wapi?
du-weißt Wagen von Klasse-4 von zweite er-irgendwo wo
Wo befindet sich der Wagen der zweiten Klasse?

Liko nyuma ya treni, ...
er-irgendwo hinten von Zug
Er befindet sich im hinteren Teil des Zuges ...

... lakini imechelewa sana.
... aber er-ist-verspätet sehr
... aber er [der Zug] ist sehr verspätet.

Kwa muda gani?
für Dauer-2 welche
Um wie viel Zeit [ist er verspätet]?

Imechelewa kwa saa nne na robo.
er-ist-verspätet für Stunden vier und Viertel
Er ist vier und eine Viertelstunde verspätet.

Mit dem Bus

Busse sind in Ostafrika das ideale Verkehrsmittel. Sie fahren fast überall hin, der Busbahnhof ist oft zentral in der Nähe des Marktes gelegen. Allerdings kann es auch vorkommen, dass eine Stadt mehrere Busbahnhöfe hat, die nach Strecken und Busgesellschaften unterteilt sind. Daher sollte man sich besser vorher informieren und immer dazusagen, wohin man reisen will.

Kuna basi kwenda Moshi?
es-gibt Bus-4 gehen Moshi
Gibt es einen Bus nach Moshi?

Ndiyo, basi linakwenda kila siku.
ja, Bus-4 er-geht jeden Tag
Ja, er fährt jeden Tag.

Unajua, basi hili linaondoka wapi?
du-weißt Bus-4 dieser er-abfährt wo
Wissen Sie, wo dieser Bus abfährt?

Linaondoka kituo cha mabasi kule karibu na sokoni.
er-abfährt-am Ort-3 von Busse-4 dort Nähe bei Markt-in
Er fährt vom Busbahnhof in der Nähe des Marktes ab.

Basi kwenda Tanga litaondoka saa ngapi?
Bus-4 gehen Tanga er-wird-abfahren Stunde welche
Um wie viel Uhr fährt der Bus nach Tanga ab?

Basi hili linakwenda Mombasa?
Bus-4 dieser er-geht Mombasa
Ist dies der Bus nach Mombasa?

Für kürzere Strecken (z. B. Moshi – Arusha) kann man die Fahrkarten zumeist erst im Bus kaufen. Für lange Strecken (z. B. Mombasa – Nairobi oder Arusha – Daressalam) sollte man die Fahrkarte im Voraus kaufen.

Kiti hiki kina mtu?
Stuhl-3 dieser er-hat Mensch-1
Ist dieser Platz besetzt?

Hapana, kiti hiki ni wazi.
nein Stuhl-3 dieser ist frei
Nein, er ist noch frei.

Mit dem Schiff

Auf mehreren großen Seen in Ostafrika bestehen derzeitig nur sporadische Schiffsverbindungen, weil die dort verkehrenden Fähren entweder gesunken oder dauerhaft defekt sind. Es ist aber geplant, dass in den kommenden Jahren neue Schiffe in Dienst gestellt werden. Nach Sansibar fährt von Dar es Salaam aus mehrmals täglich eine Schnellfähre.

Meli ya kwenda Mwanza itaondoka lini?
Schiff von gehen Mwanza es-wird-abfahren wann
Wann wird das nächste Schiff nach Mwanza fahren?

Ninataka kufanya booking ya chumba cha daraja la pili.
ich-will machen Buchung von Zimmer-3 von Klasse-4 von zweite
Ich möchte eine Kabine der zweiten Klasse buchen.

Meli itafika Zanzibar saa ngapi?
Schiff es-wird-ankommen Sansibar Stunde welche
Wann wird das Schiff in Sansibar anlegen?

Mit dem Auto

In Ostafrika werden Mietwagen für Selbstfahrer im Allgemeinen nur in den Städten angeboten. Es ist nicht empfehlenswert, weite Strecken mit einem eigenen Mietwagen zurückzulegen, da sich zum einen viele Straßen in schlechtem Zustand befinden, zum anderen eine funktionierende Versorgung im Notfall so gut wie nicht existiert. Der Fahrstil ist oft chaotisch, viele Kleinbusse sind überladen, Lastwagen nicht ausreichend gewartet. Schwere Autounfälle sind leider keine Seltenheit. Aufgrund dieser Verhältnisse wird empfohlen, bei längeren Touren wie z. B. Safaris, ein Auto mit Fahrer zu mieten. In Tansania, Kenia und Uganda gilt Linksverkehr.

Wapi naweza kukodi gari
wo ich-kann mieten Wagen-4
Wo kann ich ein Auto mieten?

Ninapenda kukodi gari kwa wiki moja.
ich-möchte mieten Auto-4 für Woche eine
Ich möchte ein Auto für eine Woche mieten.

bima	Versicherung
bei pamoja na kila kitu *Preis zusammen mit jedem Ding-3*	Pauschale
kwa siku / wiki	pro Tag / Woche
kwa kilometa	pro Kilometer

Rund ums Auto

Hier habe ich die wichtigsten Wörter aufgelistet, die man als Autofahrer kennen sollte. Viele Ausdrücke sind englischen Ursprungs.

motokaa / gari [4]	Auto
kamba	Abschleppseil
betri	Batterie
kuchaji betri	Batterie laden
petroli	Benzin
dizeli	Diesel
breki	Bremse

breki ya mkono *Bremse von Hand-2*	Handbremse
mafuta ya breki *Öle-4 von Bremse*	Bremsflüssigkeit
chombo cha akiba *Gerät-3 von Reserve*	Ersatzteil
kuendesha	lenken (Auto)
dereva [4]	Fahrer
leseni ya kuendesha gari *Lizenz von Lenken-8 Wagen-4*	Führerschein
kujaza	einfüllen
gia	Gangschaltung
gereji	Garage, Werkstatt
gesi	Gas
mbio	Geschwindigkeit
honi	Hupe
redieta	Kühler
klachi	Kupplung
taa	Lampe
lori [4]	Lastwagen
usukani [6]	Lenkrad
gari la kukodi *Wagen-4 von Mieten-8*	Mietwagen
injini	Motor
injini ya petroli	Benzinmotor
injini ya dizeli	Dieselmotor
mafuta [4, pl.]	Öl
gurudumu [4]	Rad
tairi	Reifen
upepo wa tairi *Luft-6 von Reifen*	Reifendruck

pancha	Reifenpanne
tengenezo [4, pl.]	Reparatur
gurudumu la akiba *Rad-4 von Reserve*	Reserverad
tangi la akiba *Tank-4 von Reserve*	Reservetank
kifagio cha mvua *Besen-3 von Regen*	Scheibenwischer
fyuzi	Sicherung
kinga	Stoßstange
kipimo cha mbio *Maß-3 von Geschwindigkeit*	Tachometer
tangi [4]	Tank
stesheni ya petroli *Station von Benzin*	Tankstelle
ajali	Unfall
kabureta	Vergaser
jeki	Wagenheber
vyombo [3, pl.]	Werkzeug
plagi	Zündkerze
ufunguo [6]	Zündschlüssel
silinda	Zylinder

Tanken

Naomba lita ... za petroli / dizeli.
ich-erbitte Liter ... von Benzin / Diesel
Ich möchte ... Liter Benzin / Diesel tanken.

Naomba petroli kwa shilingi ishirini elfu.
ich-erbitte Benzin für Schillinge zwanzig tausend
Ich möchte für 20 000 Schilling tanken.

Panne

Gari langu limeharibika.
Wagen-4 meiner er-ist-beschädigt
Ich habe eine Autopanne.

Gereji iko karibu?
Werkstatt sie-irgendwo Nähe
Gibt es eine Werkstatt in der Nähe?

Naomba uvute gari langu hadi gereji.
ich-möchte du-sollst-ziehen Wagen-4 mein bis Werkstatt
Ich bitte Sie, mein Auto bis zur nächsten Werkstatt abzuschleppen.

Breki hazifanyi kazi.
Bremsen nicht-sie-machen Arbeit
Die Bremsen funktionieren nicht.

Injini imeharibika.
Motor er-ist-beschädigt
Ich habe einen Motorschaden.

Tafadhali angalia hapa!
bitte siehe hier
Sehen Sie bitte mal hier nach!

Kuna shida hapa.
es-gibt Problem hier
Hier stimmt etwas nicht.

Betri imekufa.
Batterie sie-ist-gestorben
Die Batterie ist tot.

Petroli imekwisha.
Benzin es-ist-zuende-gegangen
Das Benzin ist alle.

Tairi ina pancha.
Reifen er-hat Panne
Der Reifen hat einen Platten.

Unaweza kutengeneza gari langu?
du-kannst reparieren Wagen-4 mein
Können Sie mein Auto reparieren?

Tengenezo litachukua muda gani?
Reparatur sie-wird-nehmen Dauer welche
Wie lange dauert die Reparatur?

Unfall

Bei einem Unfall ist es wichtig, dass sofort die Polizei verständigt wird. Außerdem sollte man das Unfallgeschehen mit Fotos dokumentieren.

Tafadhali ita polisi / daktari haraka!
bitte ruf Polizei / Arzt-4 Eile
Bitte holen Sie schnell die Polizei / einen Arzt!

Nilikuwa na ajali.
ich-war mit Unfall
Ich hatte einen Unfall.

mwanaume	*Mann-1*	ein Mann
mwanamke	*Frau-1*	eine Frau
mtoto	*Kind-1*	ein Kind

... ameumia vibaya sana.
... er / sie / es-hat-sich-wehgetan schlecht sehr
... ist schwer verletzt.

Auf Safari

Wenn man sich die Tiere in einem Nationalpark ansehen will, ist dies mit öffentlichen Verkehrsmitteln so gut wie überhaupt nicht zu organisieren. Am besten mietet man sich ein Auto mit Fahrer. Der Fahrer fungiert im Allgemeinen auch als Führer bei den Wildbeobachtungen in den Nationalparks. Wem das zu teuer ist, der kann auch in den größeren Ausgangsorten wie Nairobi, Arusha und Mombasa bei Safari-Unternehmen nachfragen, ob er sich einer fest geplanten und organisierten Safari anschließen kann.

Kuna mgeni anayetaka kufanya safari kesho?
es-gibt Fremden-1 er-der-will machen Safari morgen
Gibt es jemanden, der morgen auf Safari gehen will?

Je, unataka kutembelea hifadhi ya wanyama gani?
sag-mal du-willst besuchen Schutzgebiet von Tiere-1 welches
Welchen Nationalpark möchten Sie besuchen?

Watu wangapi wanafanya safari hii?
Menschen-1 wie-viele sie-machen Safari diese
Wie viele Leute nehmen an dieser Safari teil?

Inawezekana kukodi gari pamoja na dereva kwa safari?
es-ist-möglich mieten Wagen-4 zusammen mit Fahrer-4 für Safari
Ist es möglich, ein Auto mit Fahrer für eine Safari zu mieten?

Ni lazima kulipa kwa fedha za kigeni au kwa shilingi?
es-ist notwendig zahlen mit Geld von fremd oder mit Schilling
Muss man in ausländischer Währung oder in Schilling zahlen?

Mahali gani ni pazuri sana pa kuangalia wanyama?
Platz-7 welcher ist gut sehr von Beobachten-8 Tiere
Wo kann man am besten Tiere beobachten?

In den Städten und vor allem bei typisch touristischen Leistungen (Safari, Kilimanjaro-Besteigung) werden Trinkgelder erwartet, die aber nur bei zufriedenstellend erbrachten Leistungen gegeben werden sollten. Über die Höhe eventueller Trinkgelder erkundige man sich am besten zuvor bei seinem Safari-Unternehmen. Trinkgelder sind ansonsten in Ostafrika nicht üblich, insbesondere nicht in den ländlichen Regionen.

Deutsch	Englisch	Kisuaheli
Affen		
Buschbaby	**bush baby, galago**	**komba**
Colobusaffe	**black-and-white colobus**	**mbega**
Diademmeerkatze	**blue monkey**	**kima**
Grüne Meerkatze	**vervet monkey**	**tumbili**
Pavian	**baboon**	**nyani**
Schimpanse / Gorilla	**chimpanzee / gorilla**	**sokwe**
Raubtiere		
Afrikanische Wildkatze	**African wild cat**	**paka pori**
Afrikanische Zibetkatze	**East African civet**	**fungo**
Afrikanischer Wildhund	**hunting dog**	**mbwa mwitu**
Erdwolf	**aardwolf**	**fisi mdogo**
Fuchs	**fox**	**bweha**

Gepard	**cheetah**	**duma**
Ginsterkatze	**genet**	**kanu**
Honigdachs	**honey badger**	**nyegere**
Karakal	**caracal**	**simba mangu**
Leopard	**leopard**	**chui**
Löwe	**lion**	**simba**
Manguste	**mongoose**	**nguchiro**
Schakal	**jackal**	**mbweha**
Servalkatze	**serval**	**mondo**
Tüpfelhyäne	**spotted hyena**	**fisi**
Paar- und Unpaarhufer		
Afrikanischer Büffel	**(African) buffalo**	**nyati, mbogo** [1]
Afrikanischer Elefant	**African elephant**	**tembo**
Baumschliefer	**tree hyrax**	**perere**
Buschbock	**bushbuck**	**pongo**
Buschschliefer	**bush hyrax**	**pimbi**
Dikdik	**dik-dik**	**dikidiki**
Elenantilope	**eland**	**pofu**
Flusspferd	**hippo(potamus)**	**kiboko** [3]
Gazelle	**gazelle**	**swala, paa**
Giraffe	**giraffe**	**twiga**
Gnu, Kuhantilope	**wildebeest**	**nyumbu**
Großer Kudu	**greater kudu**	**tandala mkubwa**
Impala	**impala**	**swala pala**
Klippspringer	**klipspringer**	**mbuzi mawe**
Nashorn	**rhino(ceros)**	**kifaru** [3]
Oryx-Antilope	**Oryx**	**choroa**
Pferdeantilope	**roan antelope**	**korongo**
Riedbock	**bohor reedbuck**	**tohe**
Rind (Afr. Buckelrind)	**Cow**	**ng'ombe**

Säbelantilope	**scimitar oryx**	**palahala**
Warzenschwein	**warthog**	**ngiri**
Wasserbock	**waterbuck**	**kuro**
Zebra	**zebra**	**punda milia**
Sonstige Säugetiere		
Erdferkel	**aardvark**	**muhanga**
Fledermaus	**bat**	**popo**
Hase	**hare**	**sungura**
Pinselohrschwein	**bush pig**	**nguruwe mwitu**
Stachelschwein	**porcupine**	**nungunungu**
Schuppentier	**pangolin**	**kakakuona**
Vögel		
Eisvogel	**kingfisher**	**kichi**
Ente	**duck**	**bata**
Eule	**owl**	**bundi**
Falke	**falcon**	**kozi**
Flamingo	**flamingo**	**heroe**
Geier	**vulture**	**tai**
Habicht	**hawk**	**mwewe**
Hammerkopf	**hamerkop**	**fundichuma**
Honigsauger	**sunbird**	**chozi**
Ibis	**ibis**	**kwarana**
Kranich, Storch	**crane, stork**	**korongo**
Marabu	**marabou stork**	**marabu**
Nashornvogel	**hornbill**	**hondohondo**
Papagei	**parrot**	**kasuku**
Pelikan	**pelican**	**mwari**
Perlhuhn	**Guinea fowl**	**kanga**
Reiher	**heron**	**yangeyange**
Schuhschnabel	**shoebill**	**korongo nyangumi**

Schwalbe	**swallow**	**mbayuwayu**
Sekretärvogel	**secretary bird**	**karani**
Specht	**woodpecker**	**kigong**
Strauß	**ostrich**	**mbuni**
Taube	**pigeon**	**njiwa**
Unzertrennliche	**love bird**	**kwaru**
Wiedehopf	**hoopoe**	**hudihudi**
Reptilien		
Chamäleon	**chameleon**	**kinyonga** [3]
Kobra	**cobra**	**swila**
Krokodil	**crocodile**	**mamba**
Landschildkröte	**tortoise**	**kobe**
Meeresschildkröte	**sea turtle**	**kasa**
Schlange	**snake**	**nyoka**
Insekten und Spinnentiere		
Ameise	**ant**	**sisimizi**
Biene	**bee**	**nyuki**
Fliege	**fly**	**nzi**
Floh	**flea**	**kiroboto** [3]
Heuschrecke	**grasshopper**	**nzige, panzi**
Käfer	**beetle**	**kombamwiko**
Kakerlake	**cockroach**	**mende**
Moskito	**mosquito**	**mbu**
Schmetterling	**butterfly**	**kipepeo** [3]
Skorpion	**scorpion**	**nge**
Spinne	**spider**	**buibui**
Termite	**termite**	**mchwa**
Tsetsefliege	**tse tse fly**	**mbung'o**
Wanderameise	**safari ant**	**siafu**

Pflanzen		
Affenbrotbaum	**baobab**	**mbuyu** [2]
Ananasstaude	**pineapple plant**	**mnanasi** [2]
Auberginenpflanze	**eggplant**	**mbiringani** [2]
Avocadobaum	**avocado tree**	**mparachichi** [2]
Bambus	**bamboo**	**mwanzi** [2]
Bananenstaude	**banana plant**	**mgomba** [2]
Baumwolle	**cotton**	**pamba**
Cashewnussbaum	**cashew nut tree**	**mkorosho** [2]
Guavenbaum	**guava tree**	**mpera** [2]
Ingwergewächs	**ginger**	**mtangawizi** [2]
Kaffeestrauch	**coffee bush**	**mbuni** [2]
Kakaobaum	**cocoa tree**	**kakao**
Kapokbaum	**kapok tree**	**msufi** [2]
Kokospalme	**coconut palm**	**mnazi** [2]
Mahagonibaum	**mahogany tree**	**mkangazi** [2]
Mandarinenbaum	**mandarin tree**	**mchenza** [2]
Mangobaum	**mango tree**	**mwembe** [2]
Mangrovenbaum	**mangrove**	**mkandaa** [2]
Maniokpflanze	**cassava plant**	**muhogo** [2, pl.: **mihogo**]
Nelkenbaum	**clove tree**	**mkarafuu** [2]
Ölpalme	**oil palm**	**mchikichi** [2]
Orangenbaum	**orange tree**	**mchungwa** [2]
Papayabaum	**pawpaw tree**	**mpapai** [2]
Sisalpflanze	**sisal plant**	**mkonge** [2]
Teestrauch	**tea plant**	**mchai** [2]
Zitronenbaum	**lemon tree**	**mlimau** [2]
Zuckerrohr	**sugar cane**	**muwa** [2, pl.: **miwa**]

Übernachten

Während man sich in großen Hotels natürlich gut auf Englisch verständigen kann, sind in kleineren Hotels und Gästehäusern Kisuaheli-Kenntnisse sehr von Vorteil. Etwas irreführend ist allerdings das Wort **hoteli**. Es steht meistens für „Restaurant", und eben nicht für „Hotel" oder „Herberge". Wenn man also eine Unterkunft sucht, fragt man am besten gleich nach einem **mahali pa kulala** oder ganz einfach nach einem **guest house** (engl.).

Kuna mahali pa kulala hapa?
es-gibt Ort-7 von Schlafen-8 hier
Gibt es hier eine Unterkunft?

Nyumba ya wageni iko wapi?
Haus von Fremden es-wo wo
Wo befindet sich ein Gästehaus?

Ninatafuta hoteli ya kulala.
ich-suche Hotel von Schlafen-8
Ich suche ein Hotel.

Der Übernachtungspreis ist im Allgemeinen festgelegt, man kann nicht handeln. In den kleineren Hotels in ländlichen Gegenden muss man sofort bezahlen. Lassen Sie sich auf jeden Fall eine Quittung **(risiti)** geben!

Usiku mmoja ni shilingi ngapi?
Nacht-6 eine sind Schillinge wie-viele
Wie viel kostet eine Übernachtung?

Unataka ... ?
du-willst ...
Wollen Sie [ein] ... ?

chumba cha mtu mmoja *Zimmer-3 von Mensch-1 ein*	Einzelzimmer
chumba cha watu wawili *Zimmer-3 von Menschen-1 zwei*	Doppelzimmer
chumba cha watu watatu *Zimmer-3 von Menschen-1 drei*	Dreibettzimmer

Chumba cha mtu mmoja tu.
Zimmer-3 von Mensch-1 ein nur
Nur ein Einzelzimmer.

Bei ni shilingi kumi na tano elfu kwa usiku.
Preis ist Schillinge zehn und fünf tausend für Nacht
Es kostet 15 000 Schilling pro Nacht.

Bei hii ni pamoja na chai ya asubuhi?
Preis dieser ist zusammen mit Tee von Morgen
Ist dieser Preis einschließlich Frühstück?

Hapana, pamoja na chai ni shilingi elfu mbili zaidi.
nein zusammen mit Tee ist Schillinge tausend zwei mehr
Nein, mit Frühstück kostet es 2000 Schilling mehr!

Tafadhali unionyeshe chumba!
bitte du-mir-sollst-zeigen Zimmer-3
Zeigen Sie mir bitte das Zimmer!

Chumba ni kichafu.
Zimmer ist dreckig
Das Zimmer ist dreckig.

Tafadhali usafishe chumba kwanza!
bitte du-sollst-reinigen Zimmer-3 zuerst
Bitte reinigen Sie zuerst das Zimmer!

Tafadhali ubadilishe tandiko la kitanda
bitte du-sollst-auswechseln Tuch-4 von Bett
Bitte wechseln Sie das Bettzeug!

Essen und Trinken

In Ostafrika ist der Essensrhythmus etwa derselbe wie bei uns. Die Hauptmahlzeit ist jedoch das Abendessen.

Frühstück

chai ya asubuhi *Tee von Morgen*	Frühstück
chai ya rangi *Tee von Farbe*	schwarzer Tee
kahawa	Kaffee
maziwa [4, pl.]	Milch
mayai ya kuchemsha *Eier-4 von Sieden-8*	gekochte Eier
mayai ya kukaanga *Eier-4 von Braten-8*	Spiegeleier

mayai ya kuvuruga *Eier-4 von Rühren-8*	Rührei
kimanda [3]	Omelette
mkate [2]	Brot
siagi	Butter, Margarine
jam, mraba [2]	Marmelade
asali	Honig
jibini	Käse
matunda [4, pl.]	Obst

Wie die Bezeichnung **chai ya asubuhi** schon sagt, besteht das Frühstück in der Hauptsache aus Tee. Dazu gibt es im Allgemeinen Brot, Früchte und eine Schüssel Mais-Porridge **(uji)** oder Eier **(mayai,** sg.: **yai)**. Der Tee wird mit viel Zucker und Milch getrunken. Wenn man ihn lieber schwarz mag, verlangt man **chai ya rangi**. Als Alternative gibt es aber oft auch Kaffee oder Milch.

Ninapendelea kahawa zaidi kuliko chai.
ich-bevorzuge Kaffee mehr als Tee
Ich mag Kaffee lieber als Tee.

Nina njaa / kiu.
ich-habe Hunger / Durst
Ich habe Hunger / Durst.

Karibu chakula!
willkommen Essen-3
Greifen Sie zu!

Chakula chema!
Essen-3 nett
Guten Appetit!

Mittag- und Abendessen

Das Mittag- und Abendessen wird jeweils warm serviert.

chakula cha mchana *Mahlzeit-3 von Mittag-2*	Mittagessen
chakula cha usiku *Mahlzeit-3 von Nacht-6*	Abendessen

Auch in den ländlichen Gegenden Ostafrikas, wo man noch häufig mit den Fingern isst – vor und nach dem Essen wird eine Schüssel mit Wasser herumgereicht –, wird man dem Gast ein Besteck hinlegen. Wenn nicht, sollte man einfach danach fragen.

Tafadhali unilete kijiko / kisu / uma!
bitte du-mir-sollst-bringen Löffel / Messer / Gabel
Bringen Sie mir bitte einen Löffel / ein Messer / eine Gabel!

Die wichtigsten Gerichte und Zutaten

wali [6]	gekochter Reis
wali [6] **na kuku** *Reis-6 und Huhn*	Reis mit Huhn
ugali [6]	fester Maisbrei (kloßähnlich)
ugali na maharagwe *Maisbrei-6 und rote-Bohnen-4*	Maisbrei mit roten Bohnen
ndizi, matoke [4, pl.]	Bananen, Kochbananen
viazi [3, pl.]	Kartoffeln
viazi vitamu *Kartoffeln-3 süße*	Süßkartoffeln
kuku	Huhn
nyama ya mbuzi *Fleisch von Ziege*	Ziegenfleisch

nyama ya ng'ombe *Fleisch von Rind*	Rindfleisch
nyama ya kondoo *Fleisch von Schaf*	Hammelfleisch
nyama ya nguruwe *Fleisch von Schwein*	Schweinefleisch
nyama ya ndama *Fleisch von Kalb*	Kalbfleisch
nyama ya sungura *Fleisch von Kaninchen*	Kaninchenfleisch
mchuzi wa nyama *Sauce-2 von Fleisch*	(eine Art) Gulasch
samaki	Fisch
maharagwe [4, pl.]	Bohnen
nyanya	Tomate
kitunguu [3]	Zwiebel
kitunguu [3] **saumu**	Knoblauch
kabichi	Kohl
mchicha [2]	Spinat
karoti	Möhre
saladi	Salat
kababu	Kebab
chipsi	Pommes Frites
chumvi	Salz
pilipili	Chilipfeffer
pilipili manga	schwarzer Pfeffer
pilipili hoho	Paprikaschote, Chilischote
pilipili mbuzi	sehr scharfe Chilischote
siki	Essig
mafuta ya saladi *Öle-4 von Salat*	Salatöl
sukari	Zucker

Besonders lecker ist **pilau** (auch **pilao** oder **pilaw**), ein mit verschiedenen orientalischen Gewürzen, Zimt, Rosinen und gewürfeltem Fleisch zubereitetes Reisgericht. Zum Nachtisch gibt es meistens Obst (siehe Tabelle im Kap. „Einkaufen").

Als Getränk gibt es auf jeden Fall Wasser **(maji)** oder Obstsaft **(maji ya matunda)**. Man sollte unbedingt darauf achten, dass das Wasser abgekocht ist. Wenn man nichts riskieren möchte, fragt man besser nach Tee.

Maji yamechemshwa?
Wasser-4 es-ist-gekocht
Ist das Wasser abgekocht?

Inawezekana kupata chai?
es-ist-möglich bekommen Tee
Ist es möglich,
einen Tee zu bekommen?

Wenn man satt ist, bedankt man sich für die Mahlzeit.

Ahsante sana kwa chakula kizuri.
danke sehr für Essen-3 gutes
Vielen Dank für das gute Essen.

Nimeshiba sana.
ich-bin-satt-geworden sehr
Ich bin sehr satt.

Ist man eingeladen, steht im Allgemeinen mehr auf dem Tisch, als man essen kann. Die Höflichkeit gebietet, auch etwas zu essen, wenn man keinen Hunger hat. Es muss allerdings nicht viel sein. Wenn man krank ist, sollte man dies dem Gastgeber höflich mitteilen.

Siwezi kula chakula kwa sababu ninahara.
ich-nicht-kann essen Essen-3 mit Grund ich-habe-Durchfall
Ich kann nicht essen, weil ich Durchfall habe.

Im Restaurant

Wie erwähnt, handelt es sich bei einem **hoteli** manchmal auch um ein Restaurant, nicht aber um einen Platz zum Schlafen.

mgahawa [2]	Restaurant
sambusa	Samosa (frittierte Teigtaschen)
maandazi [4, pl.]	Fettgebackenes
keki	Kuchen
chapati	Fladenbrot aus Weizenmehl
kitumbua [3]	Reisküchlein

Im Allgemeinen sind auf einer Tafel die Preise für die wichtigsten Gerichte angeschlagen. Werden keine Preise angegeben, sollte man sich danach erkundigen, bevor man bestellt. Als Getränk gibt es außer Tee, Kaffee noch verschiedene Limonaden (Coca Cola, Fanta usw.) und meistens auch Bier.

Pilau ni bei gani?
Pilau ist Preis welcher
Wie viel kostet Pilau?

Ndizi na nyama ni bei gani?
Bananen und Fleisch ist Preis welcher
Wie viel kosten Bananen mit Fleisch?

Kuna soda?
es-gibt Limonade
Gibt es Limonade?

Bia baridi iko?
Bier kalt es-irgendwo
Gibt es kaltes Bier?

Als Vegetarier kann man sich mit folgenden Sätzen verständlich machen:

Mimi ni milamboga / vegan.
ich bin Vegetarier / Veganer
Ich bin Vegetarier(in) / Veganer(in).

Una vyakula bila nyama / samaki?
du-hast Mahlzeiten-3 ohne Fleisch / Fisch
Haben Sie Gerichte ohne Fleisch / Fisch?

Mimi sili nyama / samaki yo yote.
ich nicht-ich-esse Fleisch / Fisch irgendein
Ich esse überhaupt kein Fleisch / keinen Fisch.

Tafadhali unilete chapati mbili na chai moja!
bitte du-mir-sollst-bringen Fladenbrot zwei und Tee eins
Bitte bringen Sie mir zwei Fladenbrote und einen Tee!

Vegane Ernährung ist in Ostafrika bisher nur in internationalen Hotels und Restaurants ein Begriff. Man sollte daher im Zweifelsfall genau erklären, was man isst und was nicht.

Wenn Sie mal das Flair einer einheimischen Kneipe genießen wollen, dann fragen Sie – wenn Sie sich gerade auf dem Land oder in den Außenbezirken einer Stadt befinden – nach einer **baa ya pombe / baa ya mbege.** Dort gibt es **pombe,** ein aus Hirse, Mais oder Bananen gebrautes Bier aus Eigenproduktion (**mbege** heißt das Bananenbier in Tansania). Oft wird es aus großen Plastikkanistern getrunken. Das Bier sieht zwar nach unseren Maßstäben in Konsistenz und Farbe nicht besonders appetitlich aus; aber man kommt beim Trinken gut mit Einheimischen ins Gespräch.

Karibu, tunywe!
willkommen wir-sollen-trinken
Lasst uns trinken!

Afya!
Gesundheit
Prost! Zum Wohl!
(beim Anstoßen)

Einkaufen

Auf den ostafrikanischen Märkten gibt es nahezu alles zu kaufen: Obst, Gemüse, Fleisch, Fisch sowie viele Kleinigkeiten für den alltäglichen Bedarf. Man sollte immer handeln, ansonsten zahlt man schnell einen überhöhten Preis. Der Markt ist im Allgemeinen das Zentrum einer Stadt oder eines Dorfes. Meistens ist auch der Busbahnhof unmittelbar nebenan. Hier sollte man besonders wachsam sein. Nirgendwo sonst tummeln sich so viele Taschendiebe wie auf den Märkten. Ein Marktgespräch könnte wie hier dargestellt verlaufen. Auch beim Einkaufen tauscht man zunächst einige Begrüßungsfloskeln aus.

Sätze aus diesem Kapitel zum Anhören: siehe Seite 224

?

Habari gani mama?
Nachrichten welche Frau
Guten Tag, Frau.

Nzuri tu. Hujambo?
gut nur wie-geht-es-dir
Guten Tag. Wie geht's?

!

Sijambo, mama.
Mir geht es gut, Frau.

Unataka nini?
du-willst was
Was wünschen Sie?

Ninataka kununua ndizi na maembe.
ich-will kaufen Bananen und Mangos-4
Ich möchte Bananen und Mangos kaufen.

Ndizi ni bei gani?
Bananen sind Preis welcher
Wie viel kosten die Bananen?

Moja ni shilingi mia tano na hamsini.
eine ist Schillinge hundert fünf und fünfzig
550 Schilling pro Stück.

Na maembe?
und Mangos-4
Und die Mangos?

Unapenda madogo au makubwa?
du-möchtest kleine-4 oder große-4
Möchten Sie die kleinen oder die großen?

Madogo tu.
kleine-4 nur
Die kleinen.

Haya ni shilingi mia mbili kwa moja.
diese sind Schillinge hundert zwei für eine
Diese kosten 200 Schilling pro Stück.

Tafadhali unipe ndizi tano na maembe matatu!
bitte du-mir-sollst-geben Bananen fünf und Mangos-4 drei
Bitte geben Sie mir fünf Bananen und drei Mangos!

Ni shilingi elfu tatu mia tano.
es-sind Schillinge tausend drei hundert fünf
Das macht 3500 Schilling.

Ghali kabisa.
teuer ganz-und-gar
Das ist absolut zu teuer.

Nakupa shilingi elfu mbili mia tano.
ich-dir-gebe Schillinge tausend zwei hundert fünf
Ich gebe Ihnen 2500 Schilling.

Hapana. Bei yako rahisi sana.
Nein Preis dein billig sehr
Nein. Das ist zu wenig.

Basi, shilingi elfu tatu kwa yote.
also, Schillinge tausend drei für alles
Sagen wir 3000 Schilling für alles.

Chukua kwa fedha hizo, ahsante!
nimm zu Geld dieses danke
Einverstanden, nehmen Sie sie, danke!

Haya, ahsante sana, pesa ni hizi hapa.
nun-denn danke sehr Geld ist dieses hier
In Ordnung, vielen Dank. Hier ist das Geld.

Kwa heri.
mit Glück
Auf Wiedersehen.

Es soll natürlich nicht unterschlagen werden, dass Märkte zwar wichtige und für die einheimische Bevölkerung elementare, für Touristen besonders malerische und kommunikationsfördernde Einkaufsstätten sind, aber längst nicht die einzigen. In den größeren Städten findet man die ganze Bandbreite des Einzelhandels, von modernen Supermärkten über kleinere Eckläden bis hin zu einfachen Verkaufsbuden und Straßenhändlern. Viele Läden werden von indisch-, pakistanisch- oder arabischstämmigen Händlern betrieben. In den Metropolen gibt es auch Shopping Malls und Luxusboutiquen, vor allem in Kenia. Allerdings findet dort die sprachliche Verständigung eher auf Englisch statt.

Obst	
matunda [4, pl.]	Obst
nanasi [4]	Ananas
balungi [4]	Grapefruit
pera [4]	Guave
fenesi [4]	Jackfrucht
nazi	Kokosnuss
embe [4]	Mango
chungwa [4]	Orange
papai [4]	Papaya
limau [4]	Zitrone

Gewürze	
sukari	Zucker
muwa [2, pl.: **miwa**]	Zuckerrohr
chumvi	Salz
pilipili hoho	Pfefferschote
pilipili manga	schwarzer Pfeffer
karafuu	Nelke
tangawizi	Ingwer
siki	Essig
mafuta ya saladi *Öle-4 von Salat*	(Salat-)Öl
mawese [4, pl.]	Palmöl

Gemüse, Getreide und Fleisch	
biringani [4]	Aubergine
maharagwe [4, pl.]	(rote) Bohnen
korosho [4]	Cashewnuss
yai [4]	(Hühner-)Ei
karanga	Erdnuss
samaki	Fisch
nyama	Fleisch*
mboga	Gemüse
ngano	Getreide (Weizen)
mtama [3]	Hirse
kiazi [3]	Kartoffel
kitunguu [3] **saumu**	Knoblauch
kabichi	Kohl
kaa	Krebs
boga [4]	Kürbis
mahindi [4, pl.]	Mais
unga [6]	Mehl
muhogo [2., pl.: **mihogo**]	Maniok
karoti	Möhre
bamia	Okra
mchele [2]	(ungekochter) Reis
saladi	Salat(kopf)
kiazi kitamu *Kartoffel-3 süß*	Süßkartoffel
nyanya	Tomate
kitunguu [3]	Zwiebel

* *Die verschiedenen Fleischsorten findet man im Kapitel „Essen und Trinken“ ab Seite 146.*

Fotografieren

Beim Fotografieren von Menschen muss man in Ostafrika äußerst behutsam und vorsichtig vorgehen. Manche Einheimische können sehr wütend reagieren, wenn sie merken, dass sie von Touristen abgelichtet werden. In einigen Gegenden ist immer noch der Glaube verbreitet, dass man mit einem Foto Macht über die Seele der Fotografierten ausüben kann. Wie überall auf der Welt sind auch in Ostafrika Feingefühl und Respekt angebracht. Und schließlich sollte man als Reisender bei aller „Exotik" des Reiselandes niemals aus den Augen verlieren, dass das Recht am eigenen Bild (d h. die generelle Zustimmungspflicht der Fotografierten) nicht nur im Heimatland gilt.

Auf vielbesuchten Plätzen wie Märkten und Busbahnhöfen sollte man besonders zurückhaltend sein und möglichst ganz auf das Fotografieren verzichten. Es ist strengstens verboten, Flughäfen, Bahnhöfe, Häfen und militärische Anlagen aller Art einschließlich Soldaten und Polizisten zu fotografieren. Wenn man sich nicht daran hält, kann das schwerwiegende Konsequenzen bis hin zur Haft nach sich ziehen.

Wer dennoch Menschen fotografieren möchte, sollte vorher den Kontakt suchen, sich mit ihnen unterhalten und sie dann um Erlaubnis fragen. Wenn man freundlich seine Absicht erklärt, wird es sicherlich keine Probleme geben. Allerdings kann es sein, dass man für das Bild bezahlen oder ein kleines Geschenk geben muss. Der Preis ist Verhandlungssache.

?

Samahani, naomba nikupigie picha?
Entschuldigung ich-bitte-um ich-dir-schlagen Foto
Ist es möglich, ein Bild von Ihnen zu machen?

Kwa nini?
wegen was
Warum?

Ninataka kuzionyesha picha rafiki zangu.
ich-will sie-zeigen Bilder Freunden mein
Ich möchte die Fotos meinen Freunden zeigen.

Sawasawa.
ausgeglichen
In Ordnung.

Tafadhali nipe zawadi ndogo?
bitte du-mir-gibst Geschenk kleines
Geben Sie mir bitte ein kleines Geschenk?

Naweza kukupeleka picha yako kwa barua pepe au WhatsApp.
ich-kann dir-senden Bild dein mit Brief virtuell oder WhatsApp
Ich kann Ihnen Ihr Foto per E-Mail oder WhatsApp senden.

Vizuri sana. Ahsante!
schön sehr danke
Wunderbar. Danke!

!

Ahsante sana! Nakushukuru!
danke sehr ich-dir-danke
Vielen, vielen Dank!

Nataka kununua ...
ich-will kaufen ...
Ich hätte gern ein / eine / einen ...

kamera dijiti	Digitalkamera
lenzi	Objektiv
taa ya picha	Blitzgerät
memory card (engl.)	Speicherkarte
betri	Batterie
kichajio [3]	Ladegerät
kebo	Kabel

Unitolee nakala za picha zangu!
du-mir-sollst-ausstellen Kopien von Bildern meine
Bitte machen Sie mir Kopien meiner Fotos!
(z. B. von der Speicherkarte)

Telefon und Internet

In Ostafrika gehört das Telefon wie bei uns zum täglichen Leben. Weil das Festnetz insbesondere in ländlichen Gegenden oft gestört ist, besitzt mittlerweile so gut wie jeder ein Mobiltelefon, und zwar entweder eines der einfachen Kategorie **(simu ya mkononi)** oder ein Smartphone **(simu mahiri, rununu).**

Halo, ni nani?
hallo es-ist wer
Hallo, wer dort?

Ni mimi, Christoph.
es-ist ich Christoph
Ich bin es, Christoph.

Napenda kuzungumza na Bwana Juma.
ich-möchte-gern sich-unterhalten mit Herr Juma
Ich möchte gern Herrn Juma sprechen.

Bwana Juma hayupo nyumbani.
Herr Juma nicht-er-genau Haus-in
Herr Juma ist nicht zu Hause.

Tafadhali jaribu baadaye!
bitte versuch später
Versuchen Sie es bitte später!

Bwana Juma yupo.
Herr Juma er-genau
Herr Juma ist da.

Nitamwita.
ich-werde-ihn-rufen
Ich werde ihn rufen.

Subiri kidogo.
sich-gedulden klein
Bitte gedulden Sie sich ein wenig.

Tafadhali useme … !
bitte du-sollst-sprechen …
Bitte sagen Sie das … !

… tena … *wieder*	noch einmal
… polepole … *langsam*	langsamer
… kwa sauti zaidi … *mit Stimme mehr*	lauter

SIM card ya simu mahiri inapatikana wapi?
SIM Karte von Telefon schlau es-gibt wo
Wo kann ich eine SIM-Karte für mein Handy (Smartphone) kaufen?

Vocha ya simu mahiri inapatikana wapi?
Gutschein von Telefon schlau es-gibt wo
Wo kann ich Geld auf mein Handy laden?

Wewe una simu ya mkononi au simu mahiri?
du hast Telefon von Hand-in oder Telefon schlau
Haben Sie ein einfaches Handy oder ein Smartphone?

Una namba gani ya simu ya mkononi au simu mahiri?
du-hast Nummer welche von Telefon von Hand-in oder Telefon schlau
Welche Handynummer haben Sie?

Durch die weite Verbreitung von Smartphones ist auch der Zugang zum Internet **(mtandao)** leichter geworden. Außerdem verfügen die meisten Unterkünfte über WLAN.

Una anwani gani ya barua pepe?
du-hast Adresse welche von Post virtuell
Welche E-Mail-Adresse haben Sie?

Unayo tovuti ya kwako?
du-hast-diese Website von bei-dir
Haben Sie eine eigene Website?

Mahali pa kutumia mtandao iko wapi?
Platz von zu-benutzen Internet er-ist wo
Wo finde ich ein Internet-Café?

Anders als in den meisten Gegenden Europas sind Internet-Cafés durchaus noch zu finden.

Wifi ni bure hapa?
WLAN es-ist umsonst hier
Haben Sie kostenloses WLAN?

Inawezekana kutumia mtandao kwa nywila gani?
es-ist-möglich benutzen Internet mit Passwort welches
Mit welchem Passwort kann ich mich einloggen?

nywila	Passwort
mtumiaji [1]	Benutzer

Die Buchstabiertafel existiert auch auf Kisuaheli. Sie kann manchmal ganz nützlich sein, wenn man Namen oder andere ungewöhnliche Ausdrücke orthografisch korrekt mitteilen möchte.

A	**Ali**
B	**Banda**
C	**Chakechake**
D	**Dodoma**
E	**Entebbe**

F	**Fumba**
G	**Gogo**
H	**Homa**
I	**Imba**
J	**Jambo**
K	**Kenya**
L	**Lala**
M	**Mama**
N	**Nakuru**
O	**Ona**
P	**Punda**
Q	**Quebec (engl.)**
R	**Rangi**
S	**Simu**
T	**Tatu**
U	**Uganda**
V	**Vitu**
W	**Wali**
X	**X-Ray (engl.)**
Y	**Yai**
Z	**Zanzibar**

Hii ni „A" kama „Ali" ...

dies ist „A" wie „Ali" ...

Das schreibt man „A" wie „Ali" ...

Bank, Geld und Post

In den drei Ländern Tansania, Kenia und Uganda heißt die Währung als Erbe der britischen Kolonialzeit Schilling **(shilingi).** Es sind aber drei völlig getrennte Währungseinheiten, die zu ganz unterschiedlichen Werten gehandelt werden. Es ist von daher immer wichtig zu wissen, ob von Tansania-, Kenia- oder Uganda-Shilling die Rede ist. Unterteilt ist der Shilling in 100 Cents **(senti)**.

In den großen Städten und Touristenzentren an Kenias Küste ist das Geldtauschen im Allgemeinen keine große Sache. In kleineren Banken auf dem Lande kann es schon mal zu einer langwierigen und sehr bürokratischen Angelegenheit werden. Banken sind in der Regel montags bis freitags von 9 bis 14 Uhr und samstags von 9 bis 11 Uhr geöffnet. Daneben gibt es eine ganze Reihe offizieller Wechselstuben, die länger geöffnet haben.

Geld schwarz zu tauschen ist verboten, und es muss auch sonst dringend davon abgeraten werden. Kreditkarten setzen sich in den touristisch relevanten Bereichen immer mehr durch und dienen auch dazu, sich an Geldautomaten (**ATM,** engl.), die in allen größeren Orten zu finden sind, mit Bargeld zu versorgen. Reiseschecks werden hingegen so gut wie gar nicht mehr akzeptiert (und in den europäischen Ländern auch nicht mehr ausgegeben).

... ni shilingi ngapi?
... es-sind Schillinge wie-viele
Wie viel Schilling bekomme ich für ... ?

Dola za Kimarekani mia moja *Dollar von US-amerikanisch hundert eins*	100 US-Dollar
Euro mia mbili *Euro hundert zwei*	200 Euro

Pauni za Kiingereza elfu moja *Pfund von englisch tausend eins*	1000 Britische Pfund
Franki ya Kiswisi elfu moja mia tano *Franken von schweizerisch tausend eins hundert fünf*	1500 Schweizer Franken

benki	Bank
pesa, fedha, hela	Geld
pesa taslimu *Geld flüssig*	Bargeld
sarafu	Münze
noti	Geldschein
hundi	Scheck
kadi ya mkopo [3] *Karte von Kredit*	Kreditkarte
akaunti ya benki *Konto von Bank*	Bankkonto
utumaji wa pesa *Sendung-6 von Geld*	Geldüberweisung
kutuma pesa *senden Geld*	Geld überweisen
kwa benki / posta *mit Bank / Post*	per Bank / Post
kima cha kubadilisha pesa *Kurs-3 von Wechseln-8 Geld*	Wechselkurs
kubadilisha pesa *tauschen Geld*	Geld tauschen
mahali pa kubadilisha pesa *Ort-7 von Wechseln-8 Geld*	Wechselstube

Inawezekana kubadilisha pesa za kigeni hapa?
es-ist-möglich wechseln Geld von fremd hier
Kann ich hier Devisen tauschen?

Ninapenda kubadilisha Euro mia mbili
ich-möchte wechseln Euro hundert zwei
Ich möchte 200 Euro tauschen.

Post

Bei Postsendungen nach Europa sollten Sie den Luftpost-Aufkleber nicht vergessen! Andernfalls wird Ihre Sendung auf eine gemächliche Schiffsreise geschickt.

Für den Versand wichtiger Dokumente und von Paketen sollten Sie sich an einen privaten Kurierdienst wenden. Diese sind in der Regel sicherer und schneller als die staatlichen Postbehörden.

posta	Post(amt)
stempu	Briefmarke
bahasha	Briefumschlag
kadi ya posta	Postkarte
furushi [4]	Paket
kifurushi [3]	Päckchen
fomu	Formular
kwa ndege	per Luftpost
kwa rejista	per Einschreiben
anwani	Adresse
barabara	Straße
namba ya nyumba	Hausnummer
kodi ya posta	Postleitzahl
mpelekaji [1]	Absender
mpokeaji [1]	Empfänger
sanduku [4] **la barua**	Briefkasten
sanduku [4] **la posta**	Postschließfach

Nataka kutuma barua hii ...
ich-will schicken Brief diesen ...
Ich möchte diesen Brief ... schicken.

Ujerumani	nach Deutschland
Austria	nach Österreich
Uswisi	in die Schweiz
Uholanzi	in die Niederlande

Behörden

Behörden in Ostafrika arbeiten im Allgemeinen sehr bürokratisch und zeitaufwendig. Man sollte genau wissen, was man möchte, und sein Anliegen so sachlich und ruhig wie möglich vertreten. Ungeduld und Schimpferei bewirken nur das Gegenteil.

Auch wenn es manchmal so aussieht, als könne eine kleine „Zuwendung" die Sache vorantreiben, sollte man unbedingt die Finger davon lassen. Auf Bestechung stehen harte Strafen, und es sind schon manche Touristen dafür im Gefängnis gelandet!

Obwohl Kisuaheli sich mittlerweile auch als Amtssprache durchgesetzt hat – in Tansania und Kenia mehr, in Uganda weniger –, wird auf den Behörden und beim Zoll Englisch üblicherweise gut verstanden, zumindest in den großen Städten, auf den Flughäfen und in den Seehäfen. Um Missverständnisse zu vermeiden, sollte man die Gespräche in der Sprache führen, in der man sich sicherer fühlt.

Beim Zoll

Una vitu vinavyodai kulipa ushuru?
du-hast Dinge-3 sie-diese-verlangen zahlen Zoll-6
Haben Sie etwas zu verzollen?

Vitu hivi ni zawadi / vitu binafsi tu.
Dinge-3 diese sind Geschenke / Dinge persönlich nur
Das sind Geschenke / persönliche Dinge.

wasili [6], **kufika** [8]	Ankunft
kuingia [8]	Einreise; einreisen
kutoka [8]	Weiterreise, Ausreise; ausreisen
kuondoka [8]	Abreise; abreisen
paspoti	Reisepass
viza	Visum
uhamiaji [6]	Passkontrolle
fomu	Formular
jina la kuitwa	Vorname
jina la ukoo *Name-4 von Sippe*	Nachname
anwani ya nyumbani	Wohnadresse
utaifa [6]	Nationalität
saini	Unterschrift
kutia sahihi	unterschreiben
forodha	Zoll
kulipa ushuru	verzollen
ukaguzi [6] **wa forodhani**	Zollkontrolle
fomu ya forodhani	Zollformular
taarifa ya ushuru	Zollerklärung
sanduku [4]	Koffer

Tafadhali unisaidie kujaza fomu ya forodhani!
bitte du-mir-sollst-helfen ausfüllen Formular von Zoll-in
Helfen Sie mir bitte, die Zollerklärung auszufüllen!

Bei der Polizei

Auch hier gilt, möglichst sachlich sein Anliegen vorzutragen und darauf zu dringen, dass alles schriftlich aufgenommen und beglaubigt wird, vorzugsweise auf Englisch. Wenn möglich, sollte man einen eigenen Zeugen dabeihaben. Handelt es sich um einen schwerwiegenden Fall (Raubüberfall, schwerer Autounfall usw.), empfiehlt es sich, sofort die Botschaft um Beistand zu bitten.

Umwite polisi tafadhali!
du-ihn-sollst-rufen Polizei bitte
Rufen Sie bitte die Polizei!

Kituo cha polisi kiko wapi?
Ort-3 von Polizei er-irgendwo wo
Wo ist die nächste Polizeiwache?

Nimeshambuliwa.
ich-bin-überfallen-worden
Man hat mich überfallen.

Nimeibiwa.
ich-bin-bestohlen-worden
Man hat mich bestohlen.

Nimeibiwa ...
ich-bin-bestohlen-worden ...
Man hat mir ...gestohlen.

Nimepoteza ...
ich-habe-verloren ...
Ich habe ... verloren.

pesa, fedha, hela	Geld
mkoba [2]	Handtasche
kikoba cha pesa	Brieftasche

saa	Uhr
mapambo [4, pl.]	Schmuck
kamera	Fotoapparat
gari [4]	Auto
simu mahiri, rununu	Mobiltelefon (Smartphone)

Krank sein

Gemessen am mitteleuropäischen Standard funktioniert das Gesundheitssystem in Ostafrika eher ungenügend. Es gibt zwar überall kleine Krankenstationen, die allerdings in der Regel schlecht ausgestattet sind und hygienisch nur den geringsten Anforderungen entsprechen. Eine sehr gut sortierte Reiseapotheke ist daher ein unbedingtes Muss. Dazu gehören in jedem Fall auch Einwegspritzen.

Tafadhali unionyeshe njia kwenda hospitalini / zahanati / duka la dawa!
bitte du-mir-sollst-zeigen Weg gehen Krankenhaus-in / Krankenstation / Laden-4 von Medizin
Bitte zeigen Sie mir den Weg zum Krankenhaus / zur Krankenstation / zur Apotheke!

Arztbesuch

Nadhani mimi ni mgonjwa.
ich-glaube ich bin krank
Ich glaube, ich bin krank.

Kuna daktari hapa?
es-gibt Arzt-4 hier
Gibt es hier einen Arzt?

Nenda haraka tafadhali!
geh Eile bitte
Machen Sie bitte schnell!

Tafadhali umwite daktari mara moja!
bitte du-ihn-sollst-rufen Arzt-4 sofort
Bitte rufen Sie sofort einen Arzt!

Hapa naumwa sana.
hier ich-leide sehr
Hier tut es mir sehr weh.

In diesen Satz lassen sich die Wörter aus der folgenden Liste einsetzen.

Ninayo maumivu ya ... / Naumwa ...
ich-habe-diese Schmerzen-4 von ... / ich-leide-an ...
Mir tut / tun ... weh.

mkono [2]	Arm, Hand
jicho [4, pl.: **macho**]	Auge
tumbo [4]	Bauch (auch: Magen)
mguu [2]	Bein, Fuß
kibofu [3]	Blase (Harn-)
ziwa [4]	Brust (weiblich)
kifua [3]	Brustkorb, Brust (Körperbereich)
utumbo [6]	Darm
kidole [3]	Finger, Zehe
ubongo [6]	Gehirn
uso [6]	Gesicht
shingo	Hals

ngozi	Haut
moyo [2, pl.: **mioyo**]	Herz
kitako [3]	Hintern
nyonga	Hüfte, Becken
taya [4]	Kiefer
goti [4]	Knie
mfupa [2]	Knochen
kichwa [3]	Kopf
mwili [2]	Körper
ini [4]	Leber
manena [4]	Leiste
pafu [4]	Lunge
mdomo [2]	Mund (auch: Lippen)
musuli	Muskel
pua	Nase
neva	Nerv(en)
figo [4]	Niere
paja [4]	Oberschenkel
sikio [4]	Ohr
mboo	Penis
ubavu [6]	Rippe
mgongo [3]	Rücken
bega [4]	Schulter
busati	Vagina
jino [4, pl.: **meno**]	Zahn
ufizi [6]	Zahnfleisch
ulimi [6]	Zunge

In diesen Satz passen wieder die Wörter aus der folgenden Liste:

Nina shida za ...
ich-habe Probleme von ...
Ich habe Probleme mit ...

mzio [2]	Allergie
upumuo [6]	Atmung
upele [6]	Ausschlag, Ekzem
damu	Blut
kanieneo ya damu	Blutdruck
tokwa [8] **na damu** *Absondern-8 und Blut*	Blutung
kuhara [8]	Durchfall
kichomi [3]	Entzündung
kutapika [8]	Erbrechen
mafua [4, pl.]	Erkältung
homa	Fieber
ugonjwa wa zinaa *Krankheit-6 von Geschlechtsverkehr*	Geschlechtskrankheit
donda [4]	Geschwür
sumu	Gift
homa ya mafua *Fieber von Erkältung-4*	Grippe
kikohozi [3]	Husten
mpapatiko [2]	Krampf
ugonjwa [6]	Krankheit (allg.)
upooza [6]	Lähmung
homa ya malaria *Fieber von Malaria*	Malaria
hedhi	Menstruation

kuzimia [8]	Ohnmacht
pigo [4] **la moyo**	Puls, Herzschlag
zingizi	Unterleibsschmerzen
chubuko [3]	Schürfwunde
homa ya kutetemeka *Fieber von Zittern-8*	Schüttelfrost
mimba	Schwangerschaft
uvimbe [6]	Schwellung
kizunguzungu [3]	Schwindelgefühl
kiharusi cha jua *Schlaganfall-3 von Sonne-4*	Sonnenstich, Hitzschlag
rabizi	Tollwut
kifua kikuu *Erkältung-3 bedeutend*	Tuberkulose
mteguko [2]	Verrenkung
vimbizi	Verstopfung
jeraha [4]	Wunde, Verletzung
homa ya papasi *Fieber von Zecke*	Zeckenfieber
ugonjwa wa sukari *Krankheit-6 von Zucker*	Zuckerkrankheit

Medikamente und Behandlung

dawa ya kuharisha *Medizin von Durchfall-Machen*	Abführmittel
antibiotics (engl.)	Antibiotika
mlo [2]	Diät
bandeji ya plasta *Verband von Gips*	Gipsverband

vaksini (kuzuia rabizi) *Impfstoff verhindern Tollwut*	Impfstoff (gegen Tollwut)
chanjo	Impfung
kuchanja (kuzuia rabizi)	(gegen Tollwut) impfen
kondomu	Kondom
plasta	Pflaster
resipi	Rezept
dawa ya kupaka, marhamu	Salbe
sindano	Spritze
kidonge [3]	Tablette
matone [4]	Tropfen
bandeji	Verband
dawa ya kuzuia uzazi *Medizin von Verhindern-8 Elternschaft-6*	Verhütungsmittel
kidonge cha kuzuia uzazi *Tablette-3 von Verhindern-8 Elternschaft-6*	Verhütungspille, Anti-Baby-Pille
-jaza [ku] jino	Zahn füllen
-vuta [ku] jino	Zahn ziehen

Mguu / Mkono umeteguka / umevunjika.
Bein-2 / Hand-2 es-/sie-ist-verrenkt / es-/sie-ist-gebrochen
Das Bein (od. der Fuß) / Die Hand ist verrenkt / gebrochen.

Sijisikii vizuri.
nicht-ich-mich-fühle gut
Mir ist schlecht.

Nilitapika wakati wote.
ich-übergab-mich Zeit-6 ganze
Ich musste mich ständig übergeben.

Nina mimba (ya miezi mitatu).
ich-habe Schwangerschaft (von Monate-3 drei)
Ich bin schwanger (im 3. Monat).

Nina maumivu ya kichwa / meno.
ich-habe Schmerzen-4 von Kopf-3 / Zähne-4
Ich habe Kopfschmerzen / Zahnschmerzen.

Nimeanguka.
Ich bin hingefallen.

Ninahara.
Ich habe Durchfall.

Niliumwa na ...
ich-wurde-gebissen von ...
Ich bin von ... gestochen / gebissen worden.

mdudu [1]	Insekt
mbu	Mücke
ndorobo, mbung'o [1]	Tse-Tse-Fliege
nyuki	Biene
yavuyavu	Qualle
nge	Skorpion
buibui	Spinne
papasi, kupe	Zecke
tandu	Tausendfüßler
nyoka	Schlange

Nimekanyaga chale cha pwani.
ich-bin-getreten Igel-3 von Strand
Ich bin auf einen Seeigel getreten.

Diabetiker können ihre Krankheit wie folgt umschreiben:

Siwezi kula sukari, kwa sababu nina ugonjwa wa sukari.
nicht-ich-kann essen Zucker mit Grund ich-habe Krankheit-6 von Zucker
Ich darf keinen Zucker essen, weil ich zuckerkrank bin.

Sitaki sindano.
nicht-ich-will Nadel
Bitte keine Spritze!

Nina sindano yangu mwenyewe.
ich-habe Nadel meine selbst
Ich habe meine eigene Spritze dabei.

An der Grenze könnte es einem passieren, dass man auf die Einwegspritzen angesprochen wird.

Sindano hizi ni kwa ajili ya ugonjwa wangu!
Nadeln diese sind mit Grund von Krankheit-6 meine
Diese Spritzen habe ich wegen meiner Krankheit dabei!

Tafadhali angalia barua ya daktari wangu wa nyumbani!
bitte schau Brief von Arzt meiner von Haus-in
Schauen Sie sich bitte den Brief meines Hausarztes an!

Naomba risiti yenye maelezo ya ugonjwa wangu kwa ajili ya bima yangu.
ich-erbitte Quittung sie-die-hat Erklärung von Krankheit meine mit Grund von Versicherung meine
Ich brauche eine Bescheinigung
mit Diagnose für meine Versicherung.

Noch ein Wort zu Aids und Covid

Beide Krankheiten sind in Ostafrika weit verbreitet, die Kommunikation darüber ist aber in den einzelnen Ländern sehr unterschiedlich. Aids ist generell noch immer sehr tabubeladen. Es wird häufig vermieden, die Krankheit im Zusammenhang mit einem Kranken oder Verstorbenen auch nur zu erwähnen. Dementsprechend ist auch die Frage danach, ob jemand Aids hat oder daran gestorben ist, sehr unhöflich.

Mit Covid bzw. Corona geht man in Kenia offener um als in Tansania. In Tansania ist die Krankheit lange Zeit regelrecht geleugnet worden. Mittlerweile ist man sich auch dort der Gefahren bewusst, hält sich aber mit Schutzmaßnahmen noch immer sehr zurück. Auch anderswo in Ostafrika werden die Schutzmaßnahmen nicht besonders streng befolgt. Zu Ihrem eigenen Schutz sollten Sie daher in großen Menschenansammlungen und in öffentlichen Verkehrsmitteln eine Maske tragen.

ukimwi [6]	Aids
(ambokizo la) Covid / Corona	Corona-Infektion
vaksini kuzuia Covid / Corona *Impfstoff verhindern Covid / Corona*	Corona-Impfstoff
kuchanja kuzuia Covid / Corona *impfen verhindern Covid / Corona*	gegen Corona impfen
barakoa	Mund-Nasen-Schutz

Nimechanjwa mara tatu kuzuia Covid / Corona.
ich-bin-geimpft Male drei verhindern Covid / Corona
Ich bin dreimal gegen Corona geimpft.

Dringende Hilferufe

Wenn Sie in Not geraten sind, bitten Sie die Menschen in Ihrer Nähe ohne Umschweife um Hilfe. Versuchen Sie nicht, ihnen genau zu erklären, worum es sich handelt; denn entweder wird man sich in der Aufregung sprachlich völlig verhaspeln, oder es könnte passieren, dass die Einheimischen die Situation nicht richtig erfassen. Zu viele Details können auch Verwirrung stiften und eventuell zu Diskussionen führen, wo schnelles Handeln gefragt ist! Fragen Sie am besten gleich nach jemandem, der Englisch spricht.

Unisaidie tafadhali!
du-mir-sollst-helfen bitte
Helfen Sie mir bitte!

Nina shida sana.
ich-habe Probleme sehr
Ich habe große Probleme.

Tafadhali umwite mtu ambaye anafahamu Kiingereza!
bitte du-ihn-sollst-rufen Mensch-1 welcher versteht Englisch-3
Holen Sie bitte jemanden, der Englisch spricht!

Tafadhali unionyeshe njia kwenda ... !
bitte du-sollst-mir-zeigen Weg gehen ...
Bitte zeigen Sie mir den Weg zum / zur ... !

hotelini	(zum) Hotel
hospitalini	(zum) Krankenhaus
kituo cha polisi	(zur) Polizeistation

Ni lazima nipige simu sasa hivi!
es-ist nötig ich-soll-schlagen Telefon jetzt gerade
Ich muss sofort telefonieren!

Kituo cha polisi kiko wapi?
Ort-3 von Polizei er-irgendwo wo
Wo ist die nächste Polizeistation?

Haraka, haraka!
schnell, schnell
Beeilung!

Toilette

In Ostafrika braucht man die Frage nach der Toilette nicht hinter vorgehaltener Hand zu stellen. Es ist schließlich ganz natürlich, mal auf die Toilette gehen zu müssen. Wichtig ist, dass man möglichst immer etwas Toilettenpapier dabeihat, denn das wird man an öffentlichen Orten eher nicht vorfinden.

Msalani kwako ni wapi?
Toilette-2-in deine sie-irgendwo wo
Wo befindet sich Ihre Toilette?

Nataka kwenda msalani!
ich-will gehen Toilette-in
Ich muss mal!

Je, kuna karatasi ya maliwato?
sag-mal es-gibt Papier von Badezimmer
Ist Toilettenpapier vorhanden?

Tafadhali usimame ili niende kujisaidia / msalani.
bitte du-sollst-anhalten damit ich-soll-gehen mir-zu-helfen / Toilette-in
Halten Sie bitte an, damit ich mich erleichtern / auf Toilette gehen kann.

Als Beschriftung kann an Toiletten stehen:

wanawake / mabibi	Damen
wanaume / mabwana	Herren

Schimpfen und Fluchen

Als Ausländer wird man in Ostafrika im Allgemeinen sehr höflich behandelt. Kein Einheimischer wird einen Touristen öffentlich beschimpfen, selbst wenn es ihm in diesem Moment vielleicht so zumute ist. Dasselbe muss natürlich auch für Touristen gelten. Schimpfworte sind nicht angebracht! Nur wenn man sich ernsthaft bedroht fühlt, sollte man zu diesem „letzten Geschütz" greifen.

Diese Ausdrücke sind hilfreich, um ungeliebte Gäste loszuwerden, z. B. wenn jemand penetrant neugierig ist oder wenn Kinder in womöglich verdächtiger Weise immer wieder um einen herumschleichen.

Usinisumbue!
du-nicht-mich-sollst-belästigen
Lassen Sie mich in Ruhe!
(Singular)

Msinisumbue!
ihr-nicht-mich-sollt-belästigen
Lassen Sie mich in Ruhe!
(Plural)

Nenda / Nendeni huko!
geh / geht dort-irgendwo
Hau / Haut ab!

Juha! [4]	Dummkopf / Idiot!
Mshenzi! [1]	Wilder / Barbar!

Mshenzi ist das schwerste Geschütz. Man sollte es selbst besser nicht anwenden. Es dürfte einen nämlich in große Schwierigkeiten bringen, weil sich der Beleidigte in seiner Ehre massiv verletzt fühlen wird.

A Z

Wörterbuch

Wörterbuch

Bei den Substantiven wird die Nominalklasse durch die entsprechende Ziffer in eckigen Klammern gekennzeichnet. Steht keine Ziffer, gehört das betreffende Substantiv der 5. Nominalklasse an.

Bei zusammengesetzten Substantiven wird die Nominalklasse für den Teil der Zusammensetzung angegeben, von dem auch weitere gebeugte Formen (z. B. die Kennsilben eines Verbs) abhängen. Substantive mit der Kennzeichnung [pl.] werden nur im Plural verwendet.

Unregelmäßige Pluralformen werden zusammen mit der jeweiligen Nominalklasse vollständig in eckigen Klammern angegeben.

Verben werden mit ihrem Stamm (und einem vorangestellten Bindestrich) angegeben und dementsprechend alphabetisch einsortiert. Die Infinitiv-Vorsilbe **[ku]** (bzw. **[kw]** für die Ausnahmen **-enda** und **-isha**) wird bei allen Verben in eckigen Klammern hinzugefügt, allerdings nach dem Verbstamm. Das heißt, sie wirkt sich nicht auf die alphabetische Sortierung im Wörterbuch aus.

Auch bei zusammengesetzten Verben (z. B. **[ku] na** „haben") erkennen Sie den zu beugenden Verbstamm am Bindestrich. Der anschließend angegebene Bestandteil des Verbalausdrucks wird dem gebeugten Verb immer nachgestellt.

Viele Adjektive werden mit Hilfe der Konstruktion **-a** oder **-enye** gebildet:

chumvi: -a ch.	salzig (lies: **-a chumvi**)
sumu: -enye s.	giftig (lies: **-enye sumu**).

Abkürzungen

Adj.	Adjektiv
Adv.	Adverb (Umstandswort)
dipl.	diplomatisch
örtl.	örtlich
pl.	Plural
relig.	religiös
zeitl.	zeitlich

Deutsch – Kisuaheli

A

Abend, abends jioni
aber lakini
abfahren -ondoka [ku]
Abfall takataka
abladen -pakua [ku]
ablehnen -kataa [ku]
abmessen -pima [ku]
abreisen -ondoka [ku]
abschalten, abschließen -funga [ku]
abwärts chini
addieren -ongeza [ku]
Adresse anwani
Affenbrotbaum mbuyu [2]
Afrika Afrika
Afrikaner, Afrikanerin Mwafrika [1]
afrikanisch -a Kiafrika
ähnlich sawa
Aktivität shuguli
alle -ote (+ Relativsilbe)
als (Vergleich) kuliko
alt (Ding) -a zamani; (Person) -zee
alte Person mzee [1]
Alter umri
Amerika Amerika
Amerikaner, Amerikanerin Mwamerika [1]
amerikanisch -a Kiamerika
anderer, -e, -es -ingine
ändern -badilisha [ku]
Anfang mwanzo [2]
anfangen -anza [ku]
Angelegenheit jambo [4, pl.: mambo]
angeln -vua samaki [ku]
Angestellter, Angestellte mtumishi [1]
Angst hofu
anhalten -simama [ku]
anklagen -shtaki [ku]
anklopfen -bisha [ku]
ankommen -fika [ku], -wasili [ku]
Ankunft kufika [8]
annähen -shonea [ku]
anprobieren jaribu [ku]
anschalten -fungua [ku]
anschieben -sukuma [ku]
ansehen -angalia [ku]
anstatt badala ya
Antwort jibu [4]
antworten -jibu [ku]
anziehen, sich -vaa [ku]
Anzug suti
Apotheke duka [4] la dawa
Arbeit kazi
arbeiten -fanya [ku] kazi
Arbeiter, Arbeiterin mfanyakazi [1]
ärgerlich sein -kasirika [ku]
arm maskini
Arm mkono [2]
Armreif bangili
Arznei dawa
Arzt, Ärztin daktari [4]
Ast tawi [4]
auch pia, vilevile
auf juu ya
aufbrechen -ondoka [ku]
aufhalten, sich -kaa [ku]
aufhören -maliza [ku]

aufpassen -angalia [ku]
aufschließen, aufmachen -fungua [ku]
aufstehen -inuka [ku], -simama [ku]
ausziehen (Kleidung), sich ausziehen -vua [ku]
aufwecken -amsha [ku]
Auge jicho [4, pl.: macho]
ausfüllen (Formular) -jaza [ku]
ausgezeichnet bora
Ausländer, Ausländerin mgeni [1]
auspacken -pakua [ku]
ausprobieren -jaribu [ku]
ausruhen, sich -pumzika [ku]
außen nje
aussteigen -teremka [ku]
aussuchen -chagua [ku]
Auster chaza, kombe
auswählen -chagua [ku]
ausziehen, sich -vua [ku]
Auto gari [4], motokaa

B

Bach kijito [3]
Badeanzug nguo ya kuogelea
baden -oga [ku]
Bahnhof stesheni ya treni
bald punde, karibuni
Balken boriti
Ball mpira [2]
Bank (Geld) benki
Baobab mbuyu [2]
bar: b. zahlen -lipa [ku] pesa taslimu
Bar baa
Bart ndevu [pl.]
Batterie betri
Bauch tumbo [4]
bauen -jenga [ku]
Bauer, Bäuerin mkulima [1]
Baum mti [2]
Baumwolle pamba
beabsichtigen -taka [ku]
beenden -maliza [ku]
Beerdigung mazishi [4, pl.]
befinden, sich -wa [ku]
Beginn mwanzo [2]
beginnen -anza [ku]
Behälter chombo [3]
Behinderter, Behinderte mlemavu [1]
bei kwa
Bein mguu [2]
Beispiel mfano [2]
zum B. kwa mfano [2]
beißen -uma [ku]
bekommen -pata [ku]
belästigen -sumbua [ku]
benachrichtigen -arifu [ku]
benötigen -hitaji [ku]
benutzen -tumia [ku]
bequem starehefu
bereit tayari
Berg mlima [2]
Beruf kazi
Beschäftigung shuguli
beschuldigen -shtaki [ku]
besser afadhali
Bestechung rushwa
besteigen -panda [ku]
besuchen -tembelea [ku]
Besucher, Besucherin mgeni [1]
beten -omba [ku]
Betrag kiasi
betrinken, sich -lewa [ku]
Bett kitanda [3]
Bettdecke blanketi

Bettlaken shuka
Bettzeug tandiko [4]
bevor kabla
bevorzugen -pendelea [ku]
bezahlen -lipa [ku]
Bezahlung malipo [4, pl.]
Bier bia
(traditionelles Mais- od. Hirsebier) pombe
Bild picha
Bildung elimu
billig rahisi
Bindfaden kamba, ugwe [6]
bis mpaka
bitte tafadhali
bitten (um) -omba [ku]
bitter -chungu
Blatt jani [4]
blau buluu
blind -pofu
Blinder, Blinde kipofu [3]
Blitzschlag radi
Blume ua [4]
Bluse blauzi
Blut damu
Boden (Erde) udongo [6, pl.: dongo]
(Dach-) dari
Bonbon peremende [4]
Boot shua [4]
böse -baya
Botschaft (dipl.) ubalozi [4]
braten -kaanga [ku]
brauchen -hitaji [ku]
Brechreiz kichefuchefu [3]
breit -pana
Brett ubao [6]
Brief barua
Briefmarke stempu
Briefumschlag bahasha
Brille miwani [2, pl.]
bringen -leta [ku]
Brot mkate [2]
Brücke daraja [4]
Bruder kaka, ndugu
Brunnen kisima [3]
Brust (Körperbereich, Brustkorb) kifua [3]
(weibl.) titi [4]
Buch kitabu [3]
Bucht ghuba
Büro ofisi
Bus basi [4]
Busbahnhof kituo [3] cha mabasi
Busen (weibl.) maziwa [4, pl.]
Büstenhalter sidiria
Butter siagi

C

Cent senti
Chef, Chefin mkuu [1]
Chilipfeffer pilipili
Cholera kipindupindu
Christ, Christin Mkristo [1]
Creme kirimu

D

Dach paa [4]
Dachboden dari
Dame bibi [4]
damit ili
Dampfer meli
danach halafu
danke ahsante
dann halafu
dass kwamba

Datum tarehe
Dauer muda [2]
denken -fikiri [ku]
dennoch hata hivyo
deutsch -a Kijerumani
Deutsch (Sprache) Kijerumani [3]
Deutscher, Deutsche Mjerumani [1]
Deutschland Ujerumani [6]
dick -nene
Dieb, Diebin mwizi [1, pl.: wezi]
Diebstahl wizi [6]
Dienstleistung huduma
Ding kitu [3]
direkt moja kwa moja
Direktor mkurugenzi [1]
Dokument cheti [3], hati
Dolmetscher, Dolmetscherin mkalimani [1]
Dorf kijiji [3]
Dose kopo [4]
draußen nje
Dreck uchafu [6]
dreckig -chafu
drinnen ndani
Drogerie duka [4] la dawa
duften -nukia [ku]
dumm -jinga
Dummheit ujinga [6],
Dummkopf mpuuzi [1], mjinga [1]
Dunkelheit giza
dünn -embamba
durch kwa
Durst kiu [3]
durstig: d. sein -wa [ku] na kiu
duschen -oga [ku]

E

Ebene tambarare
ebenso vilevile
Ecke pembe
Ehefrau mke [1]
Ehemann mume [1]
ehrlich -aminifu
Ei yai [4]
Eidechse mjusi [2]
eigenartig -geni
Eile haraka
eilig kwa haraka
Eimer ndoo
einfach rahisi
einfüllen, eingießen -mimina [ku]
einige -ingine
einkaufen -nunua [ku]
einladen -alika [ku]
Einladung mwaliko [2]
einsteigen -panda [ku]
eintreten -ingia [ku]
einverstanden sein -kubali [ku]
Eis barafu
Eisen chuma [3]
Elektrizität umeme [6]
Eltern wazazi [1, pl.]
E-Mail barua pepe
Ende mwisho [2]
zu. E. gehen -isha [kw]
eng -embamba
England Uingereza [6]
Engländer, Engländerin Mwingereza [1]
englisch -a Kiingereza
Englisch (Sprache) Kiingereza [3]
Enkelkind mjukuu [1]
Ente bata [4]
Entschuldigung! Samahani!

entweder ... oder ama ... ama
Erde (Boden)
udongo [6, pl.: dongo]
(Welt) dunia
Erfahrung uzoefu [6]
erhältlich: e. sein -patikana [ku]
erhitzen -chemsha [ku]
erhalten -pokea [ku]
erinnern (an), sich -kumbuka [ku]
Erkältung mafua [4, pl.]
erklären -eleza [ku]
erlauben -ruhusu [ku]
Erlaubnis ruhusa
erlaubt: e. sein -ruhuswa [ku]
Ermäßigung kipunguzi [3]
Ernte mavuno [4, pl.]
Erzählung hadithi
Erziehung elimu
essbar: e. sein -lika [ku]
essen -la [ku]
Essen chakula [3]
Etage ghorofa
etwas (ein wenig) kidogo
Europa Ulaya [6]
Europäer, Europäerin Mzungu [1]
europäisch -a Kizungu

F

fähig hodari
Fahne bendera
fahren -enda [kw]
(lenken) -endesha [ku]
Fahrer, Fahrerin dereva [4]
Fahrkarte, Fahrschein tiketi
Fahrpreis nauli
Fahrrad baiskeli
fallen -anguka [ku]
falls kama
Familie jamaa
fangen -kamata [ku]
Farbe rangi
fast karibu
faul -vivu
Fehler kosa [4]
F. machen -kosa [ku]
Feiertag sikukuu
Feind, Feindin adui [4]
Feld shamba [4]
Felsen jabali [4], mwamba [2]
Fenster dirisha [4]
Ferien likizo [4]
fern mbali
fertig tayari
Fett mafuta [4, pl.]
feucht chepechepe
Feuer moto [2, pl.: mioto]
Feuerholz kuni [6, pl.]
Feuerstelle jiko [4, pl.: meko]
Feuerzeug kibiriti [3]
finden -pata [ku]
Finger kidole [3]
Fisch samaki
fischen -vua [ku] samaki
Fischer, Fischerin mvuvi [1]
Flasche chupa
Fleisch nyama
Fleisch (gegrillt) nyama choma
fliegen -ruka [ku]
Flugplatz kiwanja [3] cha ndege
Flugzeug ndege
Fluss mto [2]
flüssig majimaji
folgen -fuata [ku]
Fortschritt maendeleo [4, pl.]
fortsetzen -endelea [ku]
Foto picha
Frage swali [4]
fragen -uliza [ku]

Frankreich Ufaransa [6]
französisch -a Kifaransa
Französisch (Sprache)
  Kifaransa [3]
Franzose, Französin Mfaransa [1]
Frau mwanamke [1]
  (als Anrede) bibi [4], mama
Frechheit ujuvi [6]
Freiheit uhuru [6]
fremd -geni
Fremder, Fremde mgeni [1]
Freude furaha
freuen, sich -furahi [ku]
Freund, Freundin rafiki
freundlich -a kirafiki
Frieden amani
frisch -bichi
Friseur, Friseurin kinyozi [3]
Frosch chura [3]
Frucht tunda [4]
früh mapema
früher zamani
frühmorgens asubuhi
Frühstück chai ya asubuhi
führen -ongoza [ku]
Führer, Führerin mwongozi [1]
füllen -jaza [ku]
für kwa
Furcht hofu
fürchten -ogopa [ku]
Fuß mguu [2]
  zu F. kwa miguu

G

Gabel uma [6]
ganz -zima
  g. und gar kabisa
Garn uzi [6]
Garten bustani
Gast mgeni [1]
gebären -jifungua [ku], -zaa [ku]
geben -pa [ku]
Gebet sala
gebraten -a kukaanga
Gebühr ada
Geburt kuzaa [8]
Geduld subira
Gefahr hatari
gefährlich -enye hatari
Gefängnis gereza [4]
gefallen -pendeza [ku]
Gefäß chombo [3]
Gehalt mshahara [2]
Geheimnis siri
gehen -enda [kw]
Gehirn ubongo [6]
Geist roho
geizig bahili
gelb manjano
Geld pesa, fedha, hela
Gelegenheit nafasi
gemeinsam pamoja
Gemüse mboga [2]
genügend -a kutosha
Gepäck mzigo [2]
gerade -nyofu
geradeaus moja kwa moja
Gericht (Gerichtshof) mahakama
gern: g. haben -penda [ku]
Geschäft (Handel) biashara
  (Laden) duka [4]
geschehen -tukia [ku]
Geschenk zawadi
Geschichte (Story) hadithi
  (Vergangenheit) historia
Geschmack (Aroma) ladha
Gesetz sheria
Gespräch mazungumzo [4, pl.]

gestern jana
gesund -zima
Getränk kinywaji [3]
Gift sumu
giftig -enye sumu
Gipfel kilele [3]
Gitarre gita [4]
Glas (Fenster-) kioo [3]
(Trink-) bilauri
glauben -dhani [ku]
(relig.) -amini [ku]
gleich(artig) wie sawa na
Glück bahati
Gold dhahabu
Gott Mungu [2]
Gras majani [4, pl.]
grau -a kijivu
Grenze mpaka [2]
groß -kubwa
Großmutter bibi [4], nyanya
Großvater babu
grüßen -salimia [ku]
Gürtel mkanda [2], mshipi [2]
gut -zuri

H

Haar nywele [6, pl.]
haben -wa [ku] na
Hafen bandari
Hahn jogoo [4]
Hai papa
halb; Hälfte nusu
Hals shingo [4]
Halskette mkufu [2]
Halt! Simama!
Hammer nyundo
Hand mkono [2]
handeln -fanya [ku] biashara
Händler, Händlerin mfanyabiashara [1]
Handtasche mkoba [2]
Handtuch taulo
Handwerker, Handwerkerin fundi [4]
hart -gumu
Haus nyumba
Haut ngozi
heiraten (als Mann) -oa [ku]; **(als Frau)** -olewa [ku]
heiß (Adj.) -a moto
(Adv.) joto
heiße Sonne jua [4] kali
heißes Wasser maji [4, pl.] moto
heißen -itwa [ku]
helfen -saidia [ku]
Hemd shati [4]
herausnehmen -toa [ku]
Herd jiko [meko, 4]
Herein! Karibu!
Herr (Anrede) bwana [4]
herstellen -tengeneza [ku]
herunter chini
Herz moyo [2, pl.: mioyo]
heute leo
hier hapa
Himmel anga
(relig.) mbingu
hinauf juu
hinfallen -anguka [ku]
hinstellen -weka [ku]
hinten nyuma
hinter nyuma ya
hinzufügen -ongeza [ku]
Hirse mtama [2]
Hitze joto
hoch -refu
Hochzeit arusi
Hof (Hinterhof) ua [6]

hoffen -tumaini [ku]
Hoffnung tumaini [4]
Höhle pango [4]
holen -leta [ku]
Holz mbao [6, pl.]
Holzkohle mkaa [2]
Honig asali
hören -sikia [ku]
Hose (lange H.) suruali
(kurze H.) kaptula
Hotel hoteli, mahali [pa] pa kulala
hübsch -rembo
Hügel kilima [3]
Huhn kuku
Hund mbwa
hunderttausend laki
Hunger njaa
hungrig: h. sein -wa [ku] na njaa
hüpfen -ruka [ku]
husten -kohoa [ku]
Hut kofia
Hütte kibanda [3]

I

Idee wazo [4]
Idiot, Idiotin juha [4]
immer (stets) daima
(täglich) kila siku
in katika
Inder, Inderin Mhindi [1]
Information taarifa
informieren -arifu [ku]
inmitten von katikati ya
Insekt mdudu [1]
Insel kisiwa [3]
Internet mtandao [2]
Islam Uislamu [6]

J

ja ndiyo
Jackett koti [4]
Jagd uwindaji [6]
jagen -winda [ku]
Jäger, Jägerin mwindaji [4]
Jahr mwaka [2]
jeder, -e, -es kila
jetzt sasa
Jugendlicher, Jugendliche kijana [3]
jung -a kijana
Junge mvulana [1]

K

Kaffee (Getränk) kahawa
Kaffeebohne buni
Kakao kakao
Kalebasse kibuyu [3]
Kalender kalenda
kalt baridi
Kamera kamera
Kamm chanuo [4]
kaputt: k. gehen -haribika [ku]
Käse jibini
Katze paka
kaufen -nunua [ku]
Kellner, Kellnerin mhudumu [1]
kennen -jua [ku]
Kerze mshumaa [2]
Kette mnyororo [2]
Kilogramm kilo
Kilometer kilometa
Kind mtoto [1]
Kino sinema
Kirche kanisa [4]

Kissen mto [2]
Klasse (Transport) daraja [4]
(Schul-) darasa [4]
Kleid nguo
klein -dogo
klettern -panda [ku]
klopfen -bisha [ku]
Kneipe baa
Knie goti [4]
klug -enye akili
Knochen mfupa [2]
Knopf kifunguo [3]
Koch, Köchin mpishi [1]
kochen -pika [ku]
Kochtopf sufuria
Koffer sanduku [4]
kommen -ja [ku]
können -weza [ku]
Kopf kichwa
Koralle marijani
Korb kikapu [3]
Körper mwili [2]
Korruption rushwa
Kosten gharama
kostenlos bure
kräftig -enye nguvu
Kragen ukosi [6]
krank -gonjwa
Krankenhaus hospitali
Krankenschwester, Krankenpfleger mwuguzi [1]
Krankenstation zahanati
Krankheit ugonjwa [6]
Krawatte tai
Krebs (Krankheit) kansa
Kreuz msalaba [2]
Krieg vita
Krug dumu [4]
Küche jikoni
Kugelschreiber kalamu
Kuh ng'ombe
Kühlschrank jokofu [4]
kurz -fupi
Kupfer shaba
Kuss busu [4]
küssen -busu [ku]
Küste pwani

L

lachen -cheka [ku]
Laden duka [4]
Lagune bwawa [4]
Lampe taa
Land nchi
Landkarte ramani
lang -refu
langsam polepole
Lappen kitambaa [3]
Lärm kelele [4]
lärmen -piga kelele [ku]
lassen -acha [ku]
laufen (rennen) -kimbia [ku]
Laus chawa
leben -ishi [ku]
Leben maisha [4, pl.]
Leber ini [4]
Leder ngozi
leer -tupu
legen -weka [ku]
lehren -fundisha [ku]
Lehrer, Lehrerin mwalimu [1]
leicht rahisi
leid: es tut mir l. pole sana
leihen -kopa [ku]
Leine kamba
Leiter ngazi
lenken (Auto) -endesha [ku]
lernen -jifunza [ku]

lesen -soma [ku]
letzte, -r, -s -a mwisho
Leute watu [1, pl.]
Liebe upendo [6]
  (Affäre) mapenzi [4, pl.]
lieben -penda [ku]
lieber mögen -pendelea [ku]
Liebling (geliebte Person) mpenzi [1]
Lied wimbo [6]
liegen -lala [ku]
Limette limau [4]
Limonade soda
links (Adj.) -a kushoto
  (Adv.) kushoto
Liste orodha
Liter lita
Lob sifa
loben -sifu [ku]
Loch shimo [4]
Löffel kijiko [3]
Lohn mshahara [2]
Luft hewa
Lüge uwongo [6]
Luxus anasa

M

machen -fanya [ku]
Machete panga [4]
Mädchen msichana [1]
Made funza
Magen tumbo [4]
Mahlzeit chakula [3]
Mais mahindi [4, pl.]
Maisbrei ugali [6]
Mal mara
Malaria malaria
manchmal mara chache
Maniok muhogo [2, pl.: mihogo]
Mann mwanamume [1]
Mantel koti [4]
Märchen hadithi
Markt soko [4]
Maschine mashine
Matratze godoro [4]
Matte mkeka [2]
Maus panya
Medizin dawa
Meer bahari
Mehl unga [6]
mehr zaidi
Meile maili
meinen -dhani [ku]
Meinung maoni [4, pl.]
Mensch mtu [1]
Messer kisu [3]
Messing shaba
Meter meta
Miete kodi
mieten -kodi [ku]
Milch maziwa [4, pl.]
Million milioni
Minute dakika
mit na, kwa
Mittag mchana [2]
Mittagessen chakula [3] cha mchana
Mobiltelefon rununu
modern -a kisasa
mögen -penda [ku]
möglich: m. sein -wezekana [ku]
Monat, Mond mwezi [2]
Moped pikipiki
morgen kesho
Morgen asubuhi
Moschee msikiti [2]
Moskito mbu
Moskitonetz chandarua [3]

Motor injini
Motorrad pikipiki
müde: m. werden -choka [ku]
Müll takataka
Mund mdomo [2]
Muschel kombe
Musik musiki
Muslim, Muslima Mwislamu [1]
Mutter mama
Mütze kofia

N

nach (zeitl.) baada ya
(örtl.) kwenda
Nachbar, Nachbarin jirani [4]
Nachfahre, Nachfahrin mzao [1]
nachher halafu
Nachmittag alasiri
Nachricht habari
Nacht usiku
Nachtlokal baa
Nacken ukosi [6]
nackt uchi
Nadel sindano
Nagel msumari [2]
nahe karibu
nähen -shona [ku]
Name jina [4]
Nase pua
nass majimaji
Nation taifa [4]
nehmen -chukua [ku]
nein hapana
nennen -ita [ku]
nett -ema
Netz wavu [6]
neu -pya
neulich juzijuzi
nicht hapana
n. wahr? sivyo?
Niere figo [4]
noch (nicht) bado
Norden kaskazini
normal -a kawaida
normalerweise kwa kawaida
nötig: n. sein -wa [ku] lazima
Nummer namba
nun sasa
nur tu

O

oben juu
Obst matunda [4, pl.]
oder au
offen wazi
öffnen -fungua [ku]
oft mara kwa mara
ohne bila
Ohr sikio [4]
okay haya, sawasawa
Öl mafuta [4, pl.]
Oma bibi [4]
Onkel mjomba [2]
Opa babu
Ort mahali [7]
Ortschaft kijiji [3]
Osten mashariki
Ostern Pasaka
Österreich Austria
Österreicher, Österreicherin Mwaustria [1]
österreichisch -a Kiaustria
Ozean bahari

P

packen (Gepäck)
  -funga [ku] mzigo
Papier **karatasi**
Passagier, Passagierin **abiria** [4]
Pech **mkosi** [2]
Person **mtu** [1]
Petroleum **mafuta** [4, pl.] **ya taa**
Pfad **njia**
Pfanne **sufuria**
Pfarrer **mchungaji** [1]
Pfeife (Tabak) **kiko** [3]
Pferd **farasi**
Pflanze **mmea** [2]
Pilz **uyoga** [6]
pinkeln **-kojoa [ku]**
Pistole **bastola**
Plan **mpango** [2]
Platz **mahali** [7]
plötzlich **ghafula**
Polizei **polisi**
Polizeiwache **kituo** [3] **cha polisi**
Postamt **posta**
Präsident, Präsidentin **rais**
Preis **bei**
Priester **padri** [4]
Problem **shida**
Pullover **sweta**

Q

Quelle **chemchemi**
Quittung **risiti**

R

Rabatt **kipunguzi** [3]
Rad **gurudumu** [4]
  R. fahren **-enda [kw] baiskeli**
Radau **kelele** [4]
Radio **redio**
rasch **haraka**
rasieren (sich) **-nyoa [ku]**
Rast **pumziko** [4]
Ratte **panya**
Rauch **moshi** [2, pl.: **mioshi**]
rauchen (Zigarette)
  -vuta [ku] sigara
Raum **chumba** [3]
rechts (Adj.) **-a kulia**
  rechts (Adv.) **kulia**
reden **-zungumza [ku]**
Regen **mvua**
Regenschirm **mwavuli** [2]
Regierung **serikali**
Region **mkoa** [2]
regnen **-nyesha [ku] mvua**
reich **tajiri**
reif **-bivu**
Reihe **mstari** [2]
rein **safi**
reinigen **-safisha [ku]**
Reis (Pflanze) **mpunga** [2]
Reise **safari**
reisen **-safiri [ku]**
Reisender, Reisende **msafiri** [1],
  mtalii [1]
Reisepass **paspoti**
Religion **dini**
rennen **-kimbia [ku]**
Republik **jamhuri**
Rest **baki** [4]
Restaurant **hoteli, mgahawa** [2]

Rettich figili
Richter, Richterin hakimu
richtig sawasawa
Riff mwamba [2]
Rind ng'ombe
Ring pete
Riss ufa [6]
Rock sketi
roh -bichi
Rollstuhl kiti [3] cha magurudumu
rot -ekundu
Rücken mgongo [2]
Rucksack shanta
rufen -ita [ku]
Ruhe kimya
rühren -vuruga [ku]

S

Sache (Ding) kitu [3]
(Angelegenheit) jambo [4, pl.: mambo]
Sack gunia [4]
Saft maji [4, pl.] ya matunda
Säge msumeno [2]
sagen -ambia [ku], -sema [ku]
Salat saladi
Saldo baki [4]
Salz chumvi
salzig -a chumvi
sammeln -kusanya [ku]
Sand mchanga
Sandale ndara, lapa [4]
Sandfloh funza
Sansibar Unguja [6], Zanzibar
satt werden -shiba [ku]
Satz sentensi
sauber safi
sauer -chungu
schäbig -baya
Schaden hasara
Schaf kondoo
Schaffner, Schaffnerin kondakta
Schale (Nuss) ganda [4]
scharf -kali
Schatten kivuli [3]
schattig -enye kivuli
Schaufel beleshi [4], sepetu
schenken -pa [ku] kwa zawadi
Schere mkasi [2]
Scherz mzaha [2]
schicken -peleka [ku]
schieben -sukuma [ku]
Schiff meli
Schilling shilingi
schlachten -chinja [ku]
Schlaf usingizi [6]
schlafen -lala [ku]
schlagen -piga [ku]
sich sch. -pigana [ku]
Schlamm matope [4, pl.]
schlecht -baya
schließen -funga [ku]
schlimm -baya
Schlips tai
Schloss (Tür) kitasa [3]
Schlucht korongo [4]
Schluss mwisho [2]
Schlüssel ufunguo [6]
schmal -embamba
Schmerz maumivu [4, pl.]
Schmutz uchafu [6]
schmutzig -chafu
Schnaps pombe kali
Schnecke konokono
schneiden -kata [ku]
Schneider, Schneiderin mshonaji [1]
schnell -epesi

Schnur kamba, ugwe [6]
schon bado
schön -zuri
Schönheit uzuri [6]
Schrank kabati
schreiben -andika [ku]
schreien -lia [ku]
Schuh kiatu [3]
Schuld deni [4]
Schule shule
Schüler, Schülerin mwanafunzi [1]
Schulter bega [4]
schwach dhaifu
Schwager shemeji
Schwägerin wifi [4]
schwanger sein
 -wa [ku] na mimba
Schwangerschaft mimba
Schwanz mkia [2]
schwarz -eusi
Schwein nguruwe
Schweiz Uswisi [6]
Schweizer, Schweizerin Mswisi [1]
schweizerisch -a Kiswisi
schwer (Gewicht) -zito
 (zu tun) -gumu
Schwester dada
schwierig -gumu
Schwierigkeit ugumu [6]
schwimmen -ogelea [ku]
schwitzen -toa jasho [ku]
See ziwa [4]
Seekrankheit kichefuchefu [3]
seekrank sein -chefuka [ku]
Seele roho
Segel tanga [4]
sehen -ona [ku]
sehr sana
Seife sabuni
Seil kamba
sein -wa [ku]
seit tangu
Seite (Buch) ukurasa [6]
 (Land) upande [6, pl.: pande]
selten mara chache
senden -peleka [ku]
Serviette kitambaa [3]
Shampoo shampuu
Shorts kaptula
sicher (bestimmt) yakini
sieden -chemsha [ku]
Silber fedha
singen -imba [ku]
Sippe ukoo [6]
Sitte desturi [6]
sitzen -keti [ku], -kaa [ku]
Sitzplatz kiti [3]
Socke soksi
sofort sasa hivi
Soft Drink soda
sogar hata
Sohn mtoto [1] wa kiume
Soldat, Soldatin askari
sondern lakini
Sonne jua [4]
sorgen (für) -tunza [ku]
Sorte aina
Soße mchuzi [2]
Spalte ufa [6]
Spaß mzaha [2]
später baadaye
spazieren gehen -tembea [ku]
Speer mkuki [2]
Speise chakula [3]
Speisekarte orodha ya vyakula
Spiegel kioo [3]
Spiel mchezo [2]
spielen -cheza [ku]
Sprache lugha
sprechen -sema [ku]

springen -ruka [ku]
stabil imara
Stadt mji [2]
Stamm kabila [4]
stark (kraftvoll) -enye nguvu
Staub vumbi
stechen (Insekt) -uma [ku]
stehen -simama [ku]
Stein jiwe [4, pl.: mawe]
Steppe pori [4]
sterben -fa [ku]
Stern nyota
Stille kimya
Stimme sauti
stinken -nuka [ku]
Stock fimbo
Stockwerk ghorofa
Stoff (Kleider) kitambaa [3]
Stopp! Simama!
Strand pwani
Straße barabara
Streichholz kibiriti [3]
Strickjacke sweta
Strom (elektr.) umeme [6]
Strömung mkondo [2]
Strumpf soksi
Stück kipande [3], sehemu
Stuhl kiti [3]
Stunde saa
Sturm tufani
subtrahieren -toa [ku]
suchen -tafuta [ku]
Süden kusini
süß (Geschmack) -tamu
Sumpf bwawa [4]
Suppe mchuzi [2]
surfen (Wellen)
-rambaza [ku] mawimbi
(Internet) -tumia [ku] mtandao

T

Tabak tumbaku
Tablette kidonge [3]
Tag siku
täglich kila siku
Tal bonde [4]
Tante shangazi
Tanz dansi
tanzen -cheza [ku] dansi
tapfer hodari
Tasche mfuko [2]
Taschendieb, Taschendiebin
kibaka [3]
Taschenlampe tochi
Taschentuch leso
Tasse kikombe [3]
taub -a kiziwi
Taube njiwa
tauchen -zama [ku]
Taucher, Taucherin mzamaji [1]
Taxi teksi
Tee chai
Teich bwawa [4]
Teil kipande [3], sehemu
Telefon simu
telefonieren -piga [ku] simu
Teller sahani
teuer ghali
tief -refu
Tier mnyama [1]
Tisch meza
Tischdecke kitambaa [3] cha meza
Tochter mtoto [1] wa kike
Tod kifo [3]
Toilette msala [2], choo [3]
Tomate nyanya
Topf (Koch-) sufuria
töten -ua [ku]

Tourist, Touristin mtalii [1]
tragen (in der Hand) -chukua [ku]
(auf dem Rücken) -beba [ku]
(Kleidung) -vaa [ku]
traurig sein -huzunika [ku]
treffen -kuta [ku]
Treppe ngazi
treu -aminifu
trinken -nywa [ku]
Trinkgeld bakshishi
trocken -kavu
trotzdem hata hivyo
tun -fanya [ku]
Tür mlango [2]
Tüte mfuko [2]

U

über juu ya
übermorgen kesho kutwa
überqueren -vuka [ku]
überzeugen -ridisha [ku]
überzeugt sein -ridishwa [ku]
üblich -a kawaida
Ufer kando
Uhr saa
umsonst bure
Umwelt mazingira [4, pl.]
und na
u. so weiter na kadhalika
Unfall ajali
Universität chuo [3] kikuu
Unsinn upuuzi [6]
unten chini
unter chini ya
untergehen -zama [ku]
Unterhaltung mazungumzo [4, pl.]
Unterhemd fulana
Unterhose chupi
Unterkunft mahali [7] pa kulala, hoteli
Unterschied tofauti [4]
unterschreiben -tia [ku] saini, -weka [ku] sahihi
Unterschrift sahihi, saini
unterstützen -saidia [ku]
Unverschämtheit ujuvi [6]
Urin mkojo [2]
urinieren -kojoa [ku]
Urkunde cheti [3], hati
Urlaub likizo [4]
Urwald msitu [2]
USA Marekani
US-Amerikanerin, US-Amerikaner Mmarekani [1]
US-amerikanisch -a Kimarekani

V

Vater baba
Veranda baraza
verboten marufuku
Verbrecher, Verbrecherin mhalifu [1]
verbrennen -choma [ku]
verdorben -bovu
verfolgen -winda [ku]
vergessen -sahau [ku]
Vergnügen starehe
verhindern -zuia [ku]
verkaufen -uza [ku]
Verkäufer, Verkäuferin mwuzaji [1]
verleihen -kopesha [ku]
verlieren -poteza [ku]
Verlust hasara
vermuten -dhani [ku]
Versammlung mkutano [2]

verschieden mbalimbali
versinken -zama [ku]
verspäten, sich -chelewa [ku]
versprechen -ahidi [ku]
Verstand akili
verstehen -fahamu [ku]
versuchen -jaribu [ku]
Verzeihung! Samahani!
viele -ingi
vielleicht labda
Viertel robo
Vogel ndege
Volk taifa [4]
vollgefüllt -pomoni
vollständig kabisa
vor (zeitl.) kabla ya
 (örtl.) mbele ya
vorgestern juzi
Vorhaben mpango [2]
Vormittag asubuhi
vorne mbele
vorsichtig (Adv.) kwa uangalifu [6]
 v. sein -angalia [ku]
Vulkan volkeno

W

wachsen -kua [ku]
Waffe silaha
Wagen gari [4]
Wahl uchaguzi [6]
wählen -chagua [ku]
wahr kweli, yakini
Wald msitu [2]
Wand ukuta [6]
Wanderer, Wanderin mtembezi [1]
wandern -tembea [ku]
wann? lini?
warten -ngoja [ku], -subiri [ku]
warum? kwa nini?
was? nini?
waschen (etw.) -osha [ku]
 (Kleidung) -vua [ku]
 (Hände) -nawa [ku]
 (sich w.) -oga [ku]
Wasser maji [4, pl.]
Wasserhahn bilula
Webseite tovuti
wechseln -badilisha [ku]
wecken -amsha [ku]
weder ... noch wala ... wala
Weg nija
wegen kwa ajili ya
wehtun -uma [ku]
weiblich -a kike
weich laini
weigern, sich -kataa [ku]
Weihnachten Krismasi
weil kwa sababu
weinen -lia [ku]
weiß -eupe
Weißer, Weiße Mzungu [1]
weit -pana
 w. entfernt mbali
Weizen ngano
Welle wimbi [4]
Welt dunia
wenig kidogo
wenige -chache
wenn (Bedingung) kama
wer? nani?
werfen -tupa [ku]
Wert thamani
wessen? -a nani?
Westen magharibi
Wetter hali ya hewa
wichtig muhimu
wie: w. viel?, w. viele? -ngapi?
wieder tena

Willkommen! Karibu!
Wind upepo [6, pl.: pepo]
Windel winda
wirklich kweli
wissen -jua [ku]
Wissen ujuzi [6], elimu
Witz mzaha [2]
wo? wapi?
Woche wiki, juma [4]
wohnen -kaa [ku]
Wolke wingu [4]
Wolldecke blanketi
wollen -taka [ku]
Wort neno [4]
Wörterbuch kamusi
Wunde kidonda [3]
Wunsch hamu
Wurzel mzizi [2]
Wut hasira
wütend: w. werden -kasirika [ku]

Z

Zahl namba
zahlen -lipa [ku]
Zahn jino [4, pl.: meno]
Zahnarzt, Zahnärztin daktari [4] wa meno
Zahnbürste mswaki [2]
Zahnpasta dawa ya meno
Zecke kupe
Zehe kidole [3]
zeigen -onyesha [ku]
Zeit wakati [6]
Zeitraum muda [2]
Zeitung gazeti
Zelt hema
zerbrechen -vunjika [ku]
zerstören -haribu [ku]
Zettel cheti [3]
Zeugnis cheti [3], hati
Ziege mbuzi
Ziegel tofali [4]
ziehen -vuta [ku]
Zigarette sigara
Zimmer chumba [3]
Zimmerdecke dari
Zitrone limau [4]
Zoo bustani ya wanyama
zu (nach) kwa, kwenda
Zucker sukari
Zuckerrohr muwa [2, pl.: miwa]
zuerst kwanza
zufrieden sein -ridishwa [ku]
Zug (Eisenbahn) treni
zuhören -sikiliza [ku]
zuletzt mwishowe
zum: z. Beispiel kwa mfano [2]
zumachen -funga [ku]
Zunge ulimi [6]
zurückbringen -rudisha [ku]
zusammen mit pamoja na
zustimmen -kubali [ku]
zuverlässig -aminifu
Zweck kusudi
Zweifel shaka
zweifellos bila shaka
Zweig tawi [4]
Zwerg mbilikimo [1]
zwingen -lazimisha [ku]
zwischen baina ya

Kisuaheli – Deutsch

A

abiria [4] **Passagier, Passagierin**
-acha [ku] **lassen**
ada **Gebühr**
adui [4] **Feind, Feindin**
afadhali **besser**
Afrika **Afrika**
-ahidi [ku] **versprechen**
ahsante **danke**
aina **Sorte**
ajali **Unfall**
akili **Verstand**
-enye a. **klug**
alasiri **Nachmittag**
-alika [ku] **einladen**
ama ... ama **entweder ... oder**
amani **Frieden**
-ambia [ku] **sagen**
Amerika **Amerika**
-amini [ku] **glauben** (relig.)
-aminifu **ehrlich, zuverlässig, treu**
-amsha [ku] **aufwecken, wecken**
anasa **Luxus**
-andika [ku] **schreiben**
anga **Himmel**
-angalia [ku] **ansehen, aufpassen, vorsichtig sein**
-anguka **fallen, hinfallen**
anwani **Adresse**
-anza [ku] **anfangen, beginnen**
-arifu [ku] **informieren, benachrichtigen**
arusi **Hochzeit**
asali **Honig**
askari **Soldat, Soldatin**
asubuhi **Morgen, Vormittag; frühmorgens**
au **oder**
Austria **Österreich**

B

baa **Bar, Kneipe, Nachtlokal**
baada ya **nach** (zeitl.)
baadaye **später**
baba **Vater**
babu **Großvater, Opa**
badala ya **anstatt**
-badilisha [ku] **ändern, wechseln**
bado **noch, noch nicht, schon**
bahari **Meer, Ozean**
bahasha **Briefumschlag**
bahati **Glück**
bahili **geizig**
baina ya **zwischen**
baiskeli **Fahrrad**
baki [4] **Rest, Saldo**
bakshishi **Trinkgeld**
bandari **Hafen**
bangili **Armreif**
barabara **Straße**
barafu **Eis**
baraza **Veranda**
baridi **kalt**
barua **Brief**
b. pepe **E-Mail**
basi [4] **Bus**
bastola **Pistole**
bata [4] **Ente**
-baya **böse, schäbig, schlecht, schlimm**

-beba [ku] tragen (auf dem Rücken)
bega [4] Schulter
bei Preis
beleshi [4] Schaufel
bendera Fahne
benki Bank (Geld)
betri Batterie
bia Bier
biashara Geschäft (Handel)
bibi [4] Dame, Frau (Anrede), Großmutter, Oma
-bichi frisch, roh
bila ohne
b. shaka zweifellos
bilauri (Trink-)Glas
bilula Wasserhahn
-bisha [ku] anklopfen, klopfen
-bivu reif
blanketi Bettdecke, Wolldecke
blauzi Bluse
bonde [4] Tal
bora ausgezeichnet
boriti Balken
-bovu verdorben
buluu blau
buni Kaffeebohne
bure kostenlos, umsonst
bustani Garten
b. ya wanyama Zoo
-busu [ku] küssen
busu [4] Kuss
bwana [4] Herr (Anrede)
bwawa [4] Lagune, Sumpf, Teich

C

-chache wenige
-chafu dreckig, schmutzig
-chagua [ku] aussuchen, auswählen, wählen
chai Tee
ch. ya asubuhi Frühstück
chakula [3] Essen, Mahlzeit, Speise
ch. [3] cha mchana Mittagessen
chandarua [3] Moskitonetz
chanuo [4] Kamm
chawa Laus
chaza Auster
-chefuka [ku] seekrank sein
-cheka [ku] lachen
-chelewa [ku] sich verspäten
chemchemi Quelle
-chemsha [ku] sieden, erhitzen
chepechepe feucht
cheti [3] Dokument, Urkunde, Zettel, Zeugnis
-cheza [ku] spielen
-ch. [ku] dansi tanzen
chini abwärts, herunter, unten
ch. ya unter
-chinja [ku] schlachten
-choka [ku] müde werden
-choma [ku] verbrennen
chombo [3] Behälter, Gefäß
choo [3] Toilette
-chukua [ku] nehmen, tragen (in der Hand)
chuma [3] Eisen
chumba [3] Raum, Zimmer
chumvi Salz
-a ch. salzig
-chungu bitter, sauer
chuo [3]: ch. kikuu Universität

chupa **Flasche**
chupi **Unterhose**
chura [3] **Frosch**

D

dada **Schwester**
daima **immer**
dakika **Minute**
daktari [4] **Arzt, Ärztin**
d. wa meno **Zahnarzt,Zahnärztin**
damu **Blut**
dansi **Tanz**
daraja [4] **Brücke, Klasse (Transport)**
darasa [4] **Klasse (Schule)**
dari **Dachboden, Zimmerdecke**
dawa **Arznei, Medizin**
d. ya meno **Zahnpasta**
deni [4] **Schuld**
dereva [4] **Fahrer, Fahrerin**
desturi **Sitte**
dhahabu **Gold**
dhaifu **schwach**
-dhani [ku] **glauben, meinen, vermuten**
dini **Religion**
dirisha [4] **Fenster**
-dogo **klein**
duka [4] **Geschäft, Laden**
d. la dawa **Apotheke, Drogerie**
dumu [4] **Krug**
dunia **Erde, Welt**

E

-ekundu **rot**
-eleza [ku] **erklären**
elimu **Bildung, Erziehung, Wissen**
-ema **nett**
-embamba **dünn, eng, schmal**
-enda [kw] **gehen, fahren**
-e. baiskeli **Rad fahren**
-endelea [ku] **fortsetzen**
-endesha [ku] **lenken (Auto)**
-epesi **schnell**
-eupe **weiß**
-eusi **schwarz**

F

-fa [ku] **sterben**
-fahamu [ku] **verstehen**
-fanya [ku] **machen, tun**
-f. biashara **handeln**
-f. kazi **arbeiten**
farasi **Pferd**
fedha **Geld, Silber**
figili **Rettich**
figo [4] **Niere**
-fika [ku] **ankommen**
-fikiri [ku] **denken**
fimbo **Stock**
-fua [ku] **waschen (Kleidung)**
-fuata [ku] **folgen**
fulana **Unterhemd**
fundi [4] **Handwerker; Handwerkerin**
-fundisha [ku] **lehren**
-funga [ku] **abschalten, abschließen, schließen, zumachen**
-f. mzigo **packen (Gepäck)**

-fungua [ku] **anschalten, aufmachen, aufschließen, öffnen**
funza **Made, Sandfloh**
-fupi **kurz**
furaha **Freude**
-furahi [ku] **sich freuen**

G

ganda [4] **Schale (Nuss)**
gari [4] **Auto, Wagen**
gazeti **Zeitung**
-geni **eigenartig, fremd**
gereza [4] **Gefängnis**
ghafula **plötzlich**
ghali **teuer**
gharama **Kosten**
ghorofa **Etage, Stockwerk**
ghuba **Bucht**
gita [4] **Gitarre**
giza **Dunkelheit**
godoro [4] **Matratze**
-gonjwa **krank**
goti [4] **Knie**
-gumu **hart, schwer (zu tun), schwierig**
gunia [4] **Sack**
gurudumu [4] **Rad**

H

habari **Nachricht**
hadithi **Erzählung, Geschichte, Märchen**
hakimu **Richter, Richterin**
halafu **danach, dann, nachher**
hamu **Wunsch**
hapa **hier**
hapana **nein, nicht**
haraka **Eile, rasch**
-haribika [ku] **kaputtgehen**
-haribu [ku] **zerstören**
hasara **Schaden, Verlust**
hasira **Wut**
hata **sogar**
h. hivyo **dennoch, trotzdem**
hatari **Gefahr;** -enye h. **gefährlich**
hati **Dokument, Urkunde, Zeugnis**
haya **okay**
hela **Geld**
hema **Zelt**
hewa **Luft**
hali ya h. **Wetter**
historia **Geschichte (Vergangenheit)**
-hitaji [ku] **benötigen, brauchen**
hodari **fähig, tapfer**
hofu **Angst, Furcht**
hospitali **Krankenhaus**
hoteli **Hotel, Unterkunft; Restaurant**
huduma **Dienstleistung**
-huzunika [ku] **traurig sein**

I

ili **damit**
imara **stabil**
-imba [ku] **singen**
-ingi **viele**
-ingia [ku] **eintreten**
-ingine **anderer, -e, -es, einige**
ini [4] **Leber**
injini **Motor**
-inuka [ku] **aufstehen**
-isha [kw] **zu Ende gehen**
-ishi [ku] **leben**

-ita [ku] **nennen, rufen**
-itwa [ku] **heißen**

J

-ja [ku] **kommen**
jabali [4] **Felsen**
jamaa **Familie**
jambo [4, pl.: mambo] **Angelegenheit, Sache**
jamhuri **Republik**
jana **gestern**
jani [4] **Blatt**
-jaribu [ku] **anprobieren, ausprobieren, versuchen**
-jaza [ku] **füllen; ausfüllen (Formular)**
-jenga [ku] **bauen**
jibini **Käse**
-jibu [ku] **antworten**
jibu [4] **Antwort**
jicho [4, pl.: macho] **Auge**
-jifungua [ku] **gebären**
-jifunza [ku] **lernen**
jiko [4, pl.: meko] **Feuerstelle, Herd**
jikoni **Küche**
jina [4] **Name**
-jinga **dumm**
jino [4, pl.: meno] **Zahn**
jioni **Abend, abends**
jirani [4] **Nachbar, Nachbarin**
jiwe [4, pl.: mawe] **Stein**
jogoo [4] **Hahn**
jokofu[4] **Kühlschrank**
joto **heiß** (Adv.), **Hitze**
-jua [ku] **kennen, wissen**
jua [4] **Sonne**
  j. kali **heiße Sonne**
juha [4] **Idiot, Idiotin**
juma [4] **Woche**
juu **hinauf, oben**
  j. ya **auf, über**
juzi **vorgestern**
juzijuzi **neulich**

K

-kaa [ku] **sich aufhalten, sitzen, wohnen**
-kaanga[ku] **braten**
kabati **Schrank**
kabila [4] **Stamm**
kabisa **ganz und gar, vollständig**
kabla **bevor**
kabla ya **vor** (zeitl.)
kahawa **Kaffee (Getränk)**
kaka **Bruder**
kakao **Kakao**
kalamu **Kugelschreiber**
kalenda **Kalender**
-kali **scharf**
kama **wenn (Bedingung), falls**
-kamata [ku] **fangen**
kamba **Leine, Seil, Bindfaden**
kamera **Kamera**
kamusi **Wörterbuch**
kando **Ufer**
kanisa [4] **Kirche**
kansa **Krebs (Krankheit)**
kaptula **kurze Hose, Shorts**
karatasi **Papier**
karibu **fast, nahe**
  K.! **Willkommen!, Herein!**
karibuni **bald**
-kasirika [ku] **ärgerlich sein, wütend werden**
kaskazini **Norden**
-kata [ku] **schneiden**

-kataa [ku] ablehnen,
sich weigern
katika in
katikati ya inmitten von
-kavu trocken
kawaida: -a k. normal, üblich
kazi Arbeit, Beruf
kelele [4] Lärm, Radau
kesho morgen
k. kutwa übermorgen
-keti [ku] sitzen
Kiafrika: -a K. afrikanisch
Kiamerika: -a K. amerikanisch
kiasi Betrag
kiatu [3] Schuh
Kiaustria: -a K. österreichisch
kibaka [3] Taschendieb, Taschendiebin
kibanda [3] Hütte
kibiriti [3] Feuerzeug, Streichholz
kibuyu [3] Kalebasse
kichefuchefu [3] Brechreiz,
Seekrankheit
kichwa Kopf
kidogo etwas, wenig
kidole [3] Finger, Zehe
kidonda [3] Wunde
kidonge [3] Tablette
Kifaransa [3] Französisch
(Sprache)
-a K. französisch
kifo [3] Tod
kifua [3] Brust (Bereich),
Brustkorb
kifunguo [3] Knopf
Kiingereza [3] Englisch (Sprache)
-a K. englisch
kijana [3] Jugendliche,
Jugendlicher
-a k. jung
Kijerumani [3] Deutsch (Sprache)
-a K. deutsch
kijiji [3] Dorf, Ortschaft
kijiko [3] Löffel
kijito [3] Bach
kijivu: -a k. grau
kikapu [3] Korb
kike: -a k. weiblich
kiko [3] Pfeife (Tabak)
kikombe [3] Tasse
kila jeder, -e, -es
k. siku täglich
kilele [3] Gipfel
kilima [3] Hügel
kilo Kilogramm
kilometa Kilometer
Kimarekani: -a K. US-amerikanisch
-kimbia [ku] laufen, rennen
kimya Ruhe, Stille
kinyozi [3] Friseur, Friseurin
kinywaji [3] Getränk
kioo [3] Glas (Fenster), Spiegel
kipande [3] Stück, Teil
kipindupindu Cholera
kipofu [3] Blinder, Blinde
kipunguzi [3] Ermäßigung, Rabatt
kirafiki: -a k. freundlich
kirimu Creme
kisasa: -a k. modern
kisima [3] Brunnen
kisiwa [3] Insel
kisu [3] Messer
Kiswisi: -a K. schweizerisch
kitabu [3] Buch
kitambaa [3] Lappen, Serviette,
Stoff (Kleider),
k. cha meza Tischdecke
kitanda [3] Bett
kitasa [3] Schloss (Tür)
kiti [3] Sitzplatz, Stuhl,

k. cha magurudumu **Rollstuhl**
kitu [3] **Ding, Sache**
kituo [3]: k. cha mabasi
Busbahnhof
k. cha polisi **Polizeiwache**
kiu [3] **Durst**
-wa [ku] na k. **durstig sein**
kivuli [3] **Schatten**
-enye k. **schattig**
kiwanja [3] cha ndege **Flugplatz**
kiziwi: -a k. **taub**
Kizungu: -a K. **europäisch**
-kodi [ku] **mieten**
kodi **Miete**
kofia **Hut, Mütze**
-kohoa [ku] **husten**
-kojoa [ku] **pinkeln, urinieren**
kombe **Muschel, Auster**
kondakta **Schaffner, Schaffnerin**
kondoo **Schaf**
konokono **Schnecke**
-kopa [ku] **leihen**
-kopesha [ku] **verleihen**
kopo [4] **Dose**
korongo [4] **Schlucht**
-kosa [ku] **Fehler machen**
kosa [4] **Fehler**
koti [4] **Mantel, Jackett**
Krismasi **Weihnachten**
-kua [ku] **wachsen**
-kubali [ku] **einverstanden sein, zustimmen**
-kubwa **groß**
kufika [8] **Ankunft**
kukaanga: -a k. **gebraten**
kuku **Huhn**
kulia **rechts** (Adv.)
-a k. **rechts** (Adj.)
kuliko **als (Vergleich)**
-kumbuka [ku] **sich erinnern an**
kuni [6, pl.] **Feuerholz**
kupe **Zecke**
-kusanya [ku] **sammeln**
kushoto **links** (Adv.)
-a k. **links** (Adj.)
kusini **Süden**
kusudi **Zweck**
-kuta [ku] **treffen**
kutosha: -a k. **genügend**
kuzaa [8] **Geburt**
kwa **mit, durch, bei, zu (nach), für**
kw. ajili ya **wegen**
kw. haraka **eilig**
kw. kawaida **normalerweise**
kw. mfano **zum Beispiel**
kw. miguu **zu Fuß**
kw. nini? **warum?**
kw. sababu **weil**
kw. uangalifu [6] **vorsichtig**
kwamba **dass**
kwanza **zuerst**
kweli **wirklich, wahr**
kwenda **nach** (örtl.), **zu (nach)**

L

-la [ku] **essen**
labda **vielleicht**
ladha **Geschmack (Aroma)**
laini **weich**
laki **hunderttausend**
lakini **aber, sondern**
-lala [ku] **liegen, schlafen**
lapa [4] **Sandale**
lazima: -wa [ku] lazima **nötig sein**
-lazimisha [ku] **zwingen**
leo **heute**
leso **Taschentuch**
-leta [ku] **bringen, holen**

-lewa [ku] sich betrinken
-lia [ku] schreien, weinen
-lika [ku] essbar sein
likizo [4] Ferien, Urlaub
limau [4] Limette, Zitrone
lini? wann?
-lipa [ku] (be)zahlen
  -l. pesa taslimu bar zahlen
lita Liter
lugha Sprache

M

maendeleo [4, pl.] Fortschritt
mafua [4, pl.] Erkältung
mafuta [4, pl.] Öl, Fett
  m. ya taa Petroleum
magharibi Westen
mahakama Gericht (Gerichtshof)
mahali [7] Ort, Platz
mahali [7] pa kulala Unterkunft
mahindi [4, pl.] Mais
maili Meile
maisha [4, pl.] Leben
majani [4, pl.] Gras
maji [4, pl.] Wasser
  m. moto heißes Wasser
  m. ya matunda Saft
majimaji nass, flüssig
malaria Malaria
malipo [4, pl.] Bezahlung
-maliza [ku] aufhören, beenden
mama Frau (Anrede), Mutter
manjano gelb
maoni [4, pl.] Meinung
mapema früh
mapenzi [4, pl.] Liebe (Affäre)
mara Mal
  m. chache manchmal, selten
  m. kwa mara oft
Marekani USA
marijani Koralle
marufuku verboten
mashariki Osten
mashine Maschine
maskini arm
matope [4, pl.] Schlamm
matunda [4, pl.] Obst
maumivu [4, pl.] Schmerz
mavuno [4, pl.] Ernte
mazingira [4, pl.] Umwelt
mazishi [4, pl.] Beerdigung
maziwa [4, pl.] Milch; Busen, weiblichen Brüste
mazungumzo [4, pl.] Gespräch, Unterhaltung
mbali fern, weit entfernt
mbalimbali verschieden
mbao [6, pl.] Holz
mbele vorne
  mb. ya vor (örtl.)
mbilikimo [1] Zwerg
mbingu [6, pl.] Himmel (relig.)
mboga [2] Gemüse
mbu Moskito
mbuyu [2] Affenbrotbaum, Baobab
mbuzi Ziege
mbwa Hund
mchana [2] Mittag
mchanga Sand
mchezo [2] Spiel
mchungaji [1] Pfarrer
mchuzi [2] Soße, Suppe
mdomo [2] Mund
mdudu [1] Insekt
meli Dampfer, Schiff
meta Meter
meza Tisch

mfano [2] **Beispiel**
  kwa m. [2] **zum Beispiel**
mfanyabiashara [1] **Händler, Händlerin**
mfanyakazi [1] **Arbeiter, Arbeiterin**
Mfaransa [1] **Franzose, Französin**
mfuko [2] **Tasche, Tüte**
mfupa [2] **Knochen**
mgahawa [2] **Restaurant**
mgeni [1] **Ausländer, Ausländerin, Besucher, Besucherin, Fremde, Fremder, Gast**
mgongo [2] **Rücken**
mguu [2] **Bein, Fuß**
mhalifu [1] **Verbrecher, Verbrecherin**
Mhindi [1] **Inder, Inderin**
mhudumu [1] **Kellner, Kellnerin**
milioni **Million**
mimba **Schwangerschaft**
  -wa [ku] na m. **schwanger sein**
-mimina [ku] **einfüllen, eingießen**
miwani [4, pl.] **Brille**
Mjerumani [1] **Deutsche, Deutscher**
mji [2] **Stadt**
mjinga [1] **Dummkopf**
mjomba [2] **Onkel**
mjukuu [1] **Enkelkind**
mjusi [2] **Eidechse**
mkaa [2] **Holzkohle**
mkalimani [1] **Dolmetscher, Dolmetscherin**
mkanda [2] **Gürtel**
mkasi [2] **Schere**
mkate [2] **Brot**
mke [1] **Ehefrau**
mkeka [2] **Matte**
mkia [2] **Schwanz**
mkoa [2] **Region**
mkoba [2] **Handtasche**
mkojo [2] **Urin**
mkondo [2] **Strömung**
mkono [2] **Arm, Hand**
mkosi [2] **Pech**
Mkristo [1] **Christ, Christin**
mkufu [2] **Halskette**
mkuki [2] **Speer**
mkulima [1] **Bauer, Bäuerin**
mkurugenzi [1] **Direktor**
mkutano [2] **Versammlung**
mkuu [1] **Chef, Chefin**
mlango [2] **Tür**
mlemavu [1] **Behinderte, Behinderter**
mlima [2] **Berg**
Mmarekani [1] **US-Amerikaner, US-Amerikanerin**
mmea [2] **Pflanze**
mnyama [1] **Tier**
mnyororo [2] **Kette**
moja: m. kwa m. **direkt, geradeaus**
moshi [2, pl.: **mioshi**] **Rauch**
moto [2, pl.: **mioto**] **Feuer**
  -a m. **heiß** (Adj.)
motokaa **Auto**
moyo [2, pl.: **mioyo**] **Herz**
mpaka **bis**
mpaka [2] **Grenze**
mpango [2] **Plan, Vorhaben**
mpenzi [1] **Liebling (geliebte Person)**
mpira [2] **Ball**
mpishi [1] **Koch, Köchin**
mpunga [2] **Reis (Pflanze)**
mpuuzi [1] **Dummkopf**
msafiri [1] **Reisende, Reisender**
msala [2] **Toilette**

msalaba [2] Kreuz
mshahara [2] Lohn, Gehalt
mshipi [2] Gürtel
mshonaji [1] Schneider, Schneiderin
mshumaa [2] Kerze
msichana [1] Mädchen
msikiti [2] Moschee
msitu [2] Urwald, Wald
mstari [2] Reihe
msumari [2] Nagel
msumeno [2] Säge
mswaki [2] Zahnbürste
Mswisi [1] Schweizer, Schweizerin
mtalii [1] Reisende, Reisender, Tourist, Touristin
mtama [1] Hirse
mtandao [2] Internet
mtembezi [1] Wanderer, Wanderin
mti [2] Baum
mto [2] Fluss; Kissen
mtoto [1] Kind
m. wa kike Tochter
m. wa kiume Sohn
mtu [1] Mensch, Person
mtumishi [1] Angestellte, Angestellter
muda [2] Dauer, Zeitraum
muhimu wichtig
muhogo [2, pl.: mihogo] Maniok
mume [1] Ehemann
Mungu [2] Gott
musiki Musik
muwa [2, pl.: miwa] Zuckerrohr
mvua Regen
mvulana [1] Junge
mvuvi [1] Fischer, Fischerin
Mwafrika [1] Afrikaner, Afrikanerin
mwaka [2] Jahr
mwaliko [2] Einladung
mwalimu [1] Lehrer, Lehrerin
mwamba [2] Riff, Felsen
Mwamerika [1] Amerikaner, Amerikanerin
mwanafunzi [1] Schüler, Schülerin
mwanamke [1] Frau
mwanamume [1] Mann
mwanzo [1] Anfang, Beginn
Mwaustria [1] Österreicher, Österreicherin
mwavuli [2] Regenschirm
mwezi [2] Monat, Mond
mwili [2] Körper
mwindaji [1] Jäger
Mwingereza [1] Engländer, Engländerin
mwisho [2] Ende, Schluss
mwisho: -a mw. letzter, -e, -es
mwishowe zuletzt
Mwislamu [1] Muslim, Muslima
mwizi [1, pl.: wezi] Dieb, Diebin
mwongozi [1] Führer, Führerin
mwuguzi [1] Krankenpfleger, Krankenschwester
mwuzaji [1] Verkäufer, Verkäuferin
mzaha [2] Scherz, Spaß, Witz
mzamaji [1] Taucher, Taucherin
mzao [1] Nachfahre, Nachfahrin
mzee [1] alte Person
mzigo [2] Gepäck
mzizi [2] Wurzel
Mzungu [1] Europäer, Europäerin, Weiße, Weißer

N

na und, mit
n. kadhalika und so weiter
ndara Sandale
ndevu [pl.] Bart
nafasi Gelegenheit
namba Nummer, Zahl
nani? wer?
-a n.? wessen?
nauli Fahrpreis
-nawa [ku] waschen (Hände)
nchi Land
ndani drinnen
ndege Flugzeug, Vogel
ndiyo ja
ndoo Eimer
ndugu Bruder
-nene dick
neno [4] Wort
ngano Weizen
-ngapi? wie viel?, wie viele?
ngazi Leiter, Treppe
-ngoja [ku] warten
ng'ombe Kuh, Rind
ngozi Haut, Leder
nguo Kleid
ng. ya kuogelea Badeanzug
nguruwe Schwein
nguvu: -enye ng. kräftig, stark (kraftvoll)
nini? was?
njaa Hunger
-wa [ku] na nj. hungrig sein
nje außen, draußen
njia Pfad, Weg
njiwa Taube
-nuka [ku] stinken
-nukia [ku] duften
-nunua [ku] (ein)kaufen
nusu halb; Hälfte
nyama Fleisch
ny. choma gegrilltes Fleisch
nyanya Großmutter; Tomate
-nyesha [ku] mvua regnen
-nyoa [ku] (sich) rasieren
-nyofu gerade
nyota Stern
nyuma hinten
ny. ya hinter
nyumba Haus
nyundo Hammer
-nywa [ku] trinken
nywele [6, pl.] Haar

O

-oa [ku] heiraten (als Mann)
ofisi Büro
-oga [ku] baden, duschen, sich waschen
-ogelea [ku] schwimmen
-ogopa [ku] fürchten
-olewa [ku] heiraten (als Frau)
-omba [ku] beten; bitten um
-ona [ku] sehen
-ondoka [ku] abfahren, abreisen, aufbrechen
-ongeza [ku] addieren, hinzufügen
-ongoza [ku] führen
-onyesha [ku] zeigen
orodha Liste
o. ya vyakula Speisekarte
-osha [ku] waschen (etw.)
-ote (+ Relativsilbe) alle

P

-pa [ku] geben
-p. kwa zawadi schenken
paa [4] Dach
padri [4] Priester
paka Katze
-pakua [ku] abladen, auspacken
pamba Baumwolle
pamoja gemeinsam
pamoja na zusammen mit
-pana breit, weit
-panda [ku] besteigen, einsteigen, klettern
panga [4] Machete
pango [4] Höhle
panya Maus, Ratte
papa Hai
Pasaka Ostern
paspoti Reisepass
-pata [ku] bekommen, finden
-patikana [ku] erhältlich sein
-peleka [ku] schicken, senden
pembe Ecke
-penda [ku] gern haben, lieben, mögen
-pendelea [ku] bevorzugen, lieber mögen
-pendeza [ku] gefallen
peremende [4] Bonbon
pesa Geld
pete Ring
pia auch
picha Bild, Foto
-piga [ku] schlagen
-p. kelele lärmen
-p. simu telefonieren
-pigana [ku] sich schlagen
-pika [ku] kochen
pikipiki Moped, Motorrad
pilipili Chilipfeffer
-pima [ku] abmessen
-pofu blind
-pokea [ku] erhalten
pole: p. sana es tut mir leid
polepole langsam
polisi Polizei
pombe Bier (traditionell, aus Mais, Hirse usw.)
p. kali Schnaps
-pomoni vollgefüllt
pori [4] Steppe
posta Postamt
-poteza [ku] verlieren
pua Nase
-pumzika [ku] sich ausruhen
pumziko [4] Rast
punde bald
pwani Küste, Strand
-pya neu

R

radi Blitzschlag
rafiki Freund, Freundin
rahisi billig; leicht, einfach
rais Präsident, Präsidentin
ramani Landkarte
-rambaza [ku]: -r. mawimbi surfen (Wellen)
rangi Farbe
redio Radio
-refu hoch, lang, tief
-rembo hübsch
-ridisha [ku] überzeugen
-ridishwa [ku] überzeugt, zufrieden sein
risiti Quittung

robo **Viertel**
roho **Geist, Seele**
-rudisha [ku] **zurückbringen**
ruhusa **Erlaubnis**
-ruhusu [ku] **erlauben**
-ruhusiwa [ku] **erlaubt sein**
-ruka [ku] **fliegen, hüpfen, springen**
rununu **Mobiltelefon**
rushwa **Bestechung, Korruption**

S

saa **Stunde, Uhr**
sabuni **Seife**
safari **Reise**
safi **rein, sauber**
-safiri [ku] **reisen**
-safisha [ku] **reinigen**
sahani **Teller**
-sahau [ku] **vergessen**
sahihi **Unterschrift**
-saidia [ku] **helfen, unterstützen**
saini **Unterschrift**
sala **Gebet**
saladi **Salat**
-salimia [ku] **grüßen**
Samahani! **Entschuldigung!, Verzeihung!**
samaki **Fisch**
sana **sehr**
sanduku [4] **Koffer**
sasa **jetzt, nun**
  s. hivi **sofort**
sauti **Stimme**
sawa **ähnlich**
  s. na **gleich wie**
sawasawa **okay, richtig**
sehemu **Stück, Teil**
-sema [ku] **sagen, sprechen**
sentensi **Satz**
senti **Cent**
sepetu **Schaufel**
serikali **Regierung**
shaba **Kupfer, Messing**
shaka **Zweifel**
  bila s. **zweifellos**
shamba [4] **Feld**
shampuu **Shampoo**
shangazi **Tante**
shanta **Rucksack**
shati [4] **Hemd**
shemeji **Schwager**
sheria **Gesetz**
-shiba [ku] **satt werden**
shida **Problem**
shilingi **Schilling**
shimo [4] **Loch**
shingo [4] **Hals**
-shona [ku] **nähen**
-shonea [ku] **annähen**
-shtaki [ku] **anklagen, beschuldigen**
shua [4] **Boot**
shughuli **Aktivität, Beschäftigung**
shuka **Bettlaken**
shule **Schule**
siagi **Butter**
sidiria **Büstenhalter**
sifa **Lob**
-sifu [ku] **loben**
sigara **Zigarette**
-sikia [ku] **hören**
-sikiliza [ku] **zuhören**
sikio [4] **Ohr**
siku **Tag**
  kila s. **täglich**
sikukuu **Feiertag**
silaha **Waffe**

Simama! Halt!, Stopp!
-simama [ku] anhalten, aufstehen, stehen
simu Telefon
sindano [4] Nadel
sinema Kino
siri Geheimnis
sivyo? nicht wahr?
sketi Rock
soda Limonade, Softdrink
soko [4] Markt
soksi Socke, Strumpf
-soma [ku] lesen
starehe Vergnügen
starehefu bequem
stempu Briefmarke
stesheni: st. ya treni Bahnhof
subira Geduld
-subiri [ku] warten
sufuria Kochtopf, Pfanne
sukari Zucker
-sukuma [ku] (an)schieben
-sumbua [ku] belästigen
sumu Gift, **-enye s.** giftig
suruali Hose (lange)
suti Anzug
swali [4] Frage
sweta Pullover, Strickjacke

T

taa Lampe
taarifa Information
tafadhali bitte
-tafuta [ku] suchen
tai Krawatte, Schlips
taifa [4] Nation, Volk
tajiri reich
-taka [ku] beabsichtigen, wollen
takataka Abfall, Müll
tambarare Ebene
-tamu süß (Geschmack)
tandiko [4] Bettzeug
tanga [4] Segel
tangu seit
tarehe Datum
taulo Handtuch
tawi [4] Ast, Zweig
tayari bereit, fertig
teksi Taxi
-tembea [ku] (spazieren) gehen, wandern
-tembelea [ku] besuchen
tena wieder
-tengeneza [ku] herstellen
-teremka [ku] aussteigen
thamani Wert
-tia [ku]: -t. saini unterschreiben
tiketi Fahrkarte, Fahrschein
titi [4] weibliche Brust
-toa [ku] herausnehmen, subtrahieren
  -t. jasho schwitzen
tochi Taschenlampe
tofali [4] Ziegel
tofauti [4] Unterschied
tovuti Webseite
treni Zug (Eisenbahn)
tu nur
tufani Sturm
-tukia [ku] geschehen
-tumaini [ku] hoffen
tumaini [4] Hoffnung
tumbaku Tabak
tumbo [4] Bauch, Magen
-tumia [ku] benutzen
  -t. mtandao surfen (Internet)
tunda [4] Frucht
-tunza [ku] sorgen (für)

-tupa [ku] werfen
-tupu leer

U

-ua [ku] töten
ua [4] Blume
ua [6] Hof (Hinterhof)
ubalozi [6] Botschaft (dipl.)
ubao [6] Brett
ubongo [6] Gehirn
uchafu [6] Dreck, Schmutz
uchaguzi [6] Wahl
uchi nackt
udongo [6, pl.: **dongo**] (Lehm-) Boden, Erde
ufa [6] Riss, Spalte
Ufaransa [6] Frankreich
ufunguo [6] Schlüssel
ugali [6] Maisbrei
ugonjwa [6] Krankheit
ugumu [6] Schwierigkeit
ugwe [6] Bindfaden, Schnur
uhuru [6] Freiheit
Uingereza [6] England
Uislamu [6] Islam
Ujerumani [6] Deutschland
ujinga [6] Dummheit
ujuvi [6] Frechheit, Unverschämtheit
ujuzi [6] Wissen
ukoo [6] Sippe
ukosi [6] Kragen, Nacken
ukurasa [6] Seite
ukuta [6] Wand
Ulaya Europa
ulimi [6] Zunge
-uliza [ku] fragen
-uma [ku] beißen, stechen, wehtun
uma [6] Gabel
umeme [6] Elektrizität, Strom
umri Alter
unga [6] Mehl
Unguja [6] Sansibar
upande [6] Seite
upendo [6] Liebe
upepo [6, pl.: **pepo**] Wind
upuuzi [6] Unsinn
usiku Nacht
usingizi [6] Schlaf
Uswisi [6] Schweiz
uwindaji [6] Jagd
uwongo [6] Lüge
uyoga [6] Pilz
-uza [ku] verkaufen
uzi [6] Garn
uzoefu [6] Erfahrung
uzuri [6] Schönheit

V

-vaa [ku] (sich) anziehen, tragen (Kleidung)
vilevile auch, ebenso
vita Krieg
-vivu faul
volkeno Vulkan
-vua [ku] (sich) ausziehen, ausziehen (Kleidung)
  -v. samaki angeln, fischen
-vuka [ku] überqueren
vumbi Staub
-vunjika [ku] zerbrechen
-vuruga [ku] rühren
-vuta [ku] ziehen
  -v. sigara rauchen

W

-wa [ku] sein, sich befinden;
-w. na haben
wakati Zeit
wala ... wala weder ... noch
wapi? wo?
-wasili [ku] ankommen
watu [1, pl.] Leute
wavu [6] Netz
wazazi [1, pl.] Eltern
wazi offen
wazo [4] Idee
-weka [ku] hinstellen, legen
-w. sahihi unterschreiben
-weza [ku] können
-wezekana [ku] möglich sein
wifi [4] Schwägerin
wiki Woche
wimbi [4] Welle
wimbo [6, pl.: nyimbo] Lied
-winda [ku] jagen, verfolgen
winda Windel
wingu [4] Wolke
wizi Diebstahl

Y

yai [4] Ei
yakini sicher (bestimmt), wahr

Z

-zaa [ku] gebären
zahanati Krankenstation
zaidi mehr
-zama [ku] tauchen, untergehen, versinken
zamani früher
-a. z. alt (Ding)
Zanzibar Sansibar
zawadi Geschenk
-zee alt (Mensch)
-zima ganz, gesund
-zito schwer (Gewicht)
ziwa [4] See
-zuia [ku] verhindern
-zungumza [ku] reden
-zuri gut, schön

Literaturhinweise

Wer sich noch intensiver mit der Sprache Kisuaheli beschäftigen möchte, dem empfehle ich die folgenden Lehr- und Wörterbücher:

Lehrbücher

Beat Wandeler: *„Lehrbuch des Swahili für Anfänger“.* Buske Verlag, Hamburg 2015 (3. Aufl.), 342 Seiten, mit Audio-CD
Das wohl beste und praktischste deutschsprachige Lehrbuch, das zur Zeit erhältlich ist.

Ernesti Shivutse: *„Suaheli für Sie“.* Max Hueber Verlag, München 1993 (4. Aufl.), 236 Seiten
Sehr akademisch, aber gute Grammatik. Nicht in praktische Lektionen gegliedert. Nur noch antiquarisch.

Peter M. Wilson: *„Simplified Swahili“.* Pearson Education Ltd., London / New York 1985, 328 Seiten
Ausgezeichnetes, einfaches Lehrschema. Nur noch antiquarisch.

Jeanette Hanby, David Bygott: *„Kangas: 101 uses“* Nairobi 1985, 83 Seiten
Viele praktische Anleitungen mit Bildern, am besten in Ostafrika zu erwerben.

Wörterbücher

Cosmo Ambokile Lazaro: *„Kiswahili: Handwörterbuch des internationalen Swahili. Deutsch-Swahili, Swahili-Deutsch”.* AM-CO Publishers, Köln 2016 (3. Aufl.), 392 Seiten
Das beste Buch auf diesem Gebiet mit vielen modernen Begriffen.

Hildegard Höftmann: *„Wörterbuch Swahili-Deutsch”* Verlag Rüdiger Köppe, Köln 2005, 408 Seiten
Sehr gute und umfangreiche Wortauswahl.

Karsten Legère: *„Wörterbuch Deutsch-Swahili”* Verlag Rüdiger Köppe, Köln 2006, 267 Seiten
Sehr gute und umfangreiche Wortauswahl.

D. V. Perrott: *„Concise Swahili and English Dictionary“.* Teach Yourself Books (NTC Publishing Group), London 1996, 184 Seiten
Noch immer ausgezeichnet für den täglichen Gebrauch. Nur noch antiquarisch.

Übersichtstabelle der Nominalklassen

In der Wort-für-Wort-Übersetzung und in unserem Wörterbuchteil sowie den Vokabeltabellen nicht mit einer Ziffer gekennzeichnete Substantive gehören der 5. Nominalklasse an.

„N!" bedeutet, dass die sog. N-Regel angewendet werden muss. Dabei gilt:

n- vor	
ch, d, g, j, z	bleibt **n-**
b, p, v	wird zu **m-**
a, e, i, o, u	wird zu **ny-**
l, r	wird zu **nd-**
f, h, k, m, n, s, t, w, y	entfällt

Substantiv		**Adjektiv**
Klasse	beginnt mit ...	beginnt m Konsonan
1. sg.	**m- / mw-**	**m-**
1. pl.	**wa-**	**wa-**
2. sg.	**m- / mw-**	**m-**
2. pl.	**mi-**	**mi-**
3. sg.	**ki- / ch-**	**ki-**
3. pl.	**vi- / vy-**	**vi-**
4. sg.	(kein einheitl. Anlaut)	–
4. pl.	**ma-**	**ma-**
5. sg.	N!	N!
5. pl.	N! (= sg.)	N!
6. sg.	**u- / w-**	**m-**
6. pl.	N!	N!
7. sg./pl.	**mahali** (nur ein Substantiv)	**pa-**
8. (sg.)	**ku- / kw-**	**ku-**

	Verb			Possessivwort („von“)
beginnt m. Vokal	Kennsilbe	Objektsilbe	Relativsilbe	
mw-	ich. **ni-** du **u-** er / sie **a-**	ich **ni** du **ku** er / sie. **m**	**ye**	**wa**
w-	wir **tu-** ihr **m-** sie **wa-**	wir **tu** ihr **wa** sie **wa**	**o**	**wa**
mw-	**u-**	**u**	**o**	**wa**
my-	**i-**	**i**	**yo**	**ya**
ch-	**ki-**	**ki**	**cho**	**cha**
vy-	**vi-**	**vi**	**vyo**	**vya**
j-	**li-**	**li**	**lo**	**la**
m-	**ya-**	**ya**	**yo**	**ya**
ny-	**i-**	**i**	**yo**	**ya**
ny-	**zi-**	**zi**	**zo**	**za**
mw-	**u-**	**u**	**o**	**wa**
ny-	**zi-**	**zi**	**zo**	**za**
p-	**pa-**	**pa**	**po**	**pa**
kw-	**ku-**	**ku**	**ko**	**kwa**

Der Autor

Christoph Friedrich, Jahrgang 1958, reiste zum ersten Mal 1973 nach Kenia. Danach begann er, Kisuaheli zu lernen. 1976 machte er sein Abitur und reiste erneut nach Kenia und Tansania. Im folgenden Jahr begann er eine Lehre als Reiseverkehrskaufmann. 1981/82 trieb es ihn ein Jahr in der Weltgeschichte herum, wobei er unter anderem vier Monate im damaligen Zaire (Demokrat. Rep. Kongo) und in Tansania zubrachte. In den folgenden Jahren arbeitete er in der Tourismus-Branche. Von 1997 bis 2000 lebte er mit seiner Familie in Neuseeland. Von 2000 bis zu seinem Ruhestand 2021 war er als Reiseveranstalter für Tansania tätig und reiste in dieser Zeit selbst zahlreiche Male nach Ostafrika.

Impressum

Christoph Friedrich
Kisuaheli – Wort für Wort

erschienen im
Reise Know-How Verlag Peter Rump GmbH
Osnabrücker Str. 79
33649 Bielefeld, Deutschland
+49-521-946490
info@reise-know-how.de

20., neu bearbeitete und verbesserte Auflage 2024

ISBN 978-3-8317-6580-5

Gestaltung: Günter Pawlak, FaktorZwo! Bielefeld
Bearbeitung: der Verlag
Kartografie: Thomas Buri
Fotos: Adobe Stock: Marta (Cover), Impala (S. 11), tinivuel (S. 94), Dave (S. 183); Peter Rump (S. 9), Guda Urban (S. 93), Hartmut Fiebig (S. 95)

Druck und Bindung
mediaprint solutions GmbH, Paderborn

Bibliografische Information der Deutschen Nationalbibliothek
Die Deutsche Nationalbibliothek verzeichnet diese Publikation in der Deutschen Nationalbibliografie; detaillierte bibliografische Daten sind im Internet über http://dnb.dnb.de abrufbar.

Bildlegende der Kapitelstartseiten
S. 11: Khangas auf dem Markt in Sansibar
S. 95: Sprachkenntnisse helfen, in Kontakt zu kommen
S. 183: Colobusaffe

Effektiver Sprachen lernen –

Aussprache trainieren

1. In diesem Buch gibt es kostenlose Aussprachebeispiele zum Anhören.

Den QR-Code mit einem Smartphone scannen, um zu den Aussprachebeispielen zu kommen.
Alternativ kann man diese auch unter:
www.reise-know-how.de/
kauderwelsch/010
erreichen.

2. Unsere separat erhältlichen AusspracheTrainer bieten noch umfangreicheres Tonmaterial und ermöglichen so ein unkompliziertes Erlernen der neuen Sprache, auch unabhängig von den jeweiligen Kauderwelsch-Büchern.

Die MP3s sind über den Online-Buchhandel oder unseren Shop erhältlich: www.reise-know-how.de